Barbara Denjean-von Stryk

Sprich, daß ich dich sehe ...

Barbara Denjean-von Stryk

Sprich,
daß ich dich sehe …

Die Sprache als Schulungsweg
in Kunst, Erziehung und Therapie

Verlag Freies Geistesleben

Die Deutsche Bibliothek – CIP-Einheitsaufnahme

Deanjean-von Stryk, Barbara:
Sprich, daß ich dich sehe ...: Die Sprache als Schulungsweg in
Kunst, Erziehung und Therapie / Barbara Denjean-von Stryk. –
Stuttgart: Verl. Freies Geistesleben, 1996

ISBN 3-7725-1460-X

Schutzumschlag: Walter Schneider unter Verwendung der Plastik
«Lazarus» von Manfred Welzel
© 1996 Verlag Freies Geistesleben GmbH, Stuttgart
Druck : WB-Druck, Rieden

Inhalt

Vorwort

Wissen wir, was wir tun, wenn wir sprechen, und unsere Gedanken, Gefühle und Willensimpulse der Luft einprägen als Klang und Form? Sprache ist mehr als ein bloßes Kommunikationsmittel, sie kann Ausdruck sein unseres ganzen Menschenwesens. Tauchen wir mit Bewußtsein und Erlebniskraft ein in die Prozesse der Wortbildung, suchen wir die Identität mit unserem Sprechen wiederzugewinnen, dann können wir auf neue Weise zu uns selber finden. In der Sprache und im Sprechen sind Geheimnisse verborgen, die eng verknüpft sind mit den Rätseln von Mensch und Welt.

Die gegenwärtige Zivilisation krankt an Sprachverarmung und Sprachstörungen. Findet der Mensch aber keine Möglichkeit mehr, im Sprechen seiner Seele Ausdruck zu verleihen, so bleiben ihm nur zwei Wege offen: Er kann sich in sich selber zurückziehen und sich in seine eigene Gedankenwelt einkapseln, oder er versucht durch Taten, notfalls mit Gewalt, seine Empfindungen der Welt mitzuteilen. Seelischer Autismus und Chaos können die Folge sein, wenn die Sprache nicht mehr von Seele zu Seele zu vermitteln vermag.[1]

Vorbild für ein menschengemäßes Sprechen kann nur ein im Sprachprozeß anwesendes Menschen-Ich sein. Der

R. Patzlaw
"Sprachverfall und Aggression"

Erwerb der Sprache hängt davon ab, daß das Ich unter anderen Menschen-Ichen weilt.[2] In dem Maße, in dem das gehörte und gesprochene Wort aber durch Medien ersetzt wird, verliert es seine Ich-anregenden, ausgleichenden Kräfte und führt statt zu einer Beseelung des Menschen zu einer Automatisierung seiner Denk-, Fühl- und Willensgewohnheiten.

Doch nicht nur die Seele kann im recht gesprochenen Wort den ihr adäquaten Ausdruck finden. Die Sprachprozesse wirken gleichermaßen nach innen und physiologisieren gestaltend und durch die vom Sprechen verwandelte Atmung belebend auf alle Organe des Leibes zurück. Indem der Leib sprachlich durchplastiziert wird, ist eine Voraussetzung geschaffen für eine harmonische, individuelle Entwicklung. Der Mensch kann so stärkend oder schädigend auf seinen leiblichen, seelischen und geistigen Organismus wirken, je nachdem wie er mit der Sprache umgeht. Daraus erwächst eine Verantwortung, die über das Einzelschicksal hinausgeht und die ganze Menschheit betrifft.

Es ist außerordentlich schwierig, die lebendigen Sprachprozesse in einer Begrifflichkeit zu erfassen und die richtigen Wörter für das Wesen des Wortes zu finden. Die Sprache ist so beweglich, daß man sie mit dem gewöhnlichen Denken nicht vollständig zu erfassen vermag. Die zu ihr gehörenden Prozesse müssen mitbewegt werden, um in ihrer Lebendigkeit nachempfunden zu werden.

So will dieses Buch weniger das Wissen des Lesers bereichern, als vielmehr die Erlebniskraft der Sprache gegenüber vertiefen. Aber auch Erkenntnisgrundlagen werden geschaffen, damit die Phänomene der sprachlichen Menschenoffenbarung mit Bewußtsein durchdrungen werden können.

Wer über die Sprache spricht, kann dies nicht tun, ohne gleichzeitig über den Menschen zu sprechen, denn eines bedingt das andere. Die Zusammenhänge zwischen Sprache und Mensch sind bis in die Funktionen des Leibes hinein anschaubar. Aus diesem Grund wurde versucht, die verschiedenen Sprachprozesse und -impulse an einer geisteswissenschaftlichen Menschenkunde zu orientieren. «Nur dadurch erkennt man das materielle Dasein, daß man das Wirken der Geistigkeit in konkreter Weise im materiellen Dasein kennenlernt.[3]» Die für den Laien recht komplizierten Vorgänge können leichter aufgenommen werden, wenn sie ihrer Gebärde nach erfaßt und mitbewegt werden. Mit unterschiedlichen Beispielen werden Anregungen gegeben für einen Weg, der aus der Sackgasse der sprachlichen Verzerrung und Verarmung herausführen kann. Denn hinter den vielen Wörtern, die wir täglich gewohnheitsmäßig verbrauchen, steht Das Wort, das seine heilsamen, künstlerischen und spirituellen Kräfte zu entfalten vermag, wenn der Mensch bereit ist, sich ihm in rechter Weise zu verbinden.

Dieses Buch ist auf den Grundlagen der anthroposophischen Menschenkunde Rudolf Steiners entstanden, der zusammen mit Marie Steiner die Sprachgestaltung entwickelt hat als einen zeitgemäßen künstlerischen Schulungsweg. Dennoch braucht der Leser für das Verstehen der hier ausgeführten Gedanken und Erfahrungen keine andere Voraussetzung als einen unbefangenen Willen, die in der Sprache lebenden Gesetzmäßigkeiten und Prozesse mit Liebe und Erkenntniskraft nachzuvollziehen. Denn das Thema Sprache und Sprechen geht jeden von uns an.

Ohne die langjährige Zusammenarbeit mit Christa Slezak-Schindler hätte dieses Buch nicht entstehen können. Ihr sei an dieser Stelle mein herzlichster Dank ausgesprochen für die unzähligen Anregungen und Hilfen im Bemühen um den Menschen und seine Sprache.

Wer der Sprache Sinn versteht,
dem enthüllt die Welt
im Bilde sich;

wer der Sprache Seele hört,
dem erschließt die Welt
als Wesen sich;

wer der Sprache Geist erlebt,
den beschenkt die Welt
mit Weisheitskraft;

wer die Sprache lieben kann,
dem verleiht sie selbst
die eigne Macht.

So will ich Herz und Sinn
nach Geist und Seele
des Wortes wenden;

und in der Liebe
zu ihm mich selber
erst ganz empfinden.

Rudolf Steiner

Teil I
Der Mensch und seine Sprache

1

Die Sprache als Offenbarung des Menschen

> Rede, daß ich dich sehe! Dieser Wunsch
> wurde durch die Schöpfung erfüllt, die eine
> Rede an die Kreatur durch die Kreatur ist;
> denn ein Tag sagt's dem andern, und eine
> Nacht tut's kund der andern. Ihre Losung
> läuft über jedes Klima bis an der Welt Ende,
> und in jeder Mundart hört man ihre Stimme.
>
> *Johann Georg Hamann*

Eine große Sehnsucht, sich auszusprechen, lebt in den Menschen der heutigen Zeit. Der Probleme sind viele: unheilbare Krankheiten, Generationskonflikte, Erziehungsfragen, Ehescheidungen und Arbeitslosigkeit müssen bewältigt und aufgearbeitet werden. Der Mensch fühlt sich zunehmend Konflikten ausgesetzt, mit denen er aus eigener Kraft nicht fertig wird. Die Wartezimmer der Psychotherapeuten, Psychiater und Neurologen sind überfüllt. In Deutschland allein leiden 80 bis 95% der Erwachsenen an psychogenen Symptomen leichterer Art, jeder vierte der Zwanzig- bis Fünfzigjährigen ist schwer gestört, zum Teil ohne Hoffnung auf Heilung.

Den Fragen: Warum geschieht mir das? und: Wie gehe ich damit um? liegt die menschliche Urfrage nach dem eigenen Wesen, nach der Selbsterkenntnis zugrunde. Tatsächlich führen alle wirklichen Lebensfragen den Menschen auf sich selbst zurück, und die Sehnsucht, sich auszusprechen, ist verbunden mit der Suche nach sich selbst. Dabei wird leicht übersehen, daß wir in jedem Gespräch, sei es auch noch so umfassend und tiefgreifend, in erster Linie *über* uns, *über* unsere Probleme und Fragen sprechen. Wir selbst bleiben dabei verhüllt in unseren übernommenen, erlernten oder anerzogenen Denk-, Empfindungs- und Willensgewohnheiten. Mag die Seele sich auch erleichtern im Gespräch über ihr Schicksal, so bleibt ihr Wesenskern doch oft verborgen. Wie erschöpfend es sein kann, immer wieder über das gleiche Problem sprechen zu müssen, drücken Menschen, die verschiedene Psychotherapien durchlaufen haben, aus: «Ich habe schon so oft über das alles geredet, und nichts hat sich geändert. Ich will endlich etwas tun!» Die Sehnsucht nach Wesensoffenbarung ist ungestillt geblieben, Kopf, Herz und Wille sind ermüdet vom zu vielen Reflektieren. Die Fragen verdeutlichen sich, aber der Mensch selber tritt hinter ihnen zurück. Die Vorstellung, ein Produkt seiner Vergangenheit zu sein, lähmt und bedrückt ihn. Die Sehnsucht nach innerer Freiheit und innerer Erneuerung wird nur scheinbar gestillt, wenn im Zuge der Selbstfindung Lebenszusammenhänge aufgebrochen werden. So werden Probleme umgangen und Schicksalsfragen abgewehrt, die den Menschen zu innerer Reifung befähigen sollten. Denn jeder Konflikt, jede Krankheit hat mit uns selber und unserem ureigenen Wesen zu tun und ist ein Aufruf an den Menschen in uns. Das wiederholte Sprechen über sich selbst kann oft eine Ablenkung sein von diesem Aufruf der Seele.

Etwas ganz anderes liegt vor, wenn der Mensch sein Bewußtsein nicht nur auf das lenkt, *was* gesprochen wird, sondern beginnt, den Sprachvorgang selbst, die Stimm- und Atemgewohnheiten und die Art der Lautbildungen wahrzunehmen. Ungeahnte Quellen der Selbsterkenntnis und Selbstfindung tun sich auf, der Mensch offenbart sich in seiner Ganzheit als tätiges, empfindendes und bewußtes Wesen: Er spricht sich im wahrsten Sinne des Wortes aus. «Geradeso, wie man aus der Physiognomie den Menschen gewissermaßen erraten kann, so kann man natürlich erst recht den ganzen Menschen erfühlen, aus dem Wie der Sprache … In der Sprache drückt sich alles mit einer absoluten Sicherheit aus.»[4]

Dieses wissend, prägte Sokrates vor mehr als 2000 Jahren den bedeutsamen Satz: *«Sprich, daß ich dich sehe.»* Heute müssen wir erst wieder zu einer neuen Sensibilisierung finden, um über das Ohr im Lauschen auf unsere eigene Sprache und die unserer Mitmenschen zu einer umfassenden Wesensoffenbarung zu kommen. Zu sehr sind wir abgelenkt durch die Inhalte unserer Rede. Daß der Mensch sich in Stimme, Atem und Lautbildung ständig offenbart und das Geheimnis seines individuellen Menschseins ausspricht, so daß es demjenigen, der auf rechte Weise zu hören versteht, im Bilde sichtbar wird, ist in Vergessenheit geraten. Zu beschäftigt mit dem Reden *über* die Dinge, übersehen wir das Menschenwesen, das sich sprechend offenbaren will, und eine Wesensbegegnung von Mensch zu Mensch findet nicht statt. Damit hängen auch die zunehmenden Mißverständnisse im zwischenmenschlichen Bereich zusammen. Denn mögen auch zwei Menschen in Worten inhaltlich das gleiche sagen, so sprechen sie es doch aus einem anderen seelischen Zusammenhang heraus. Erst wenn wir diesen wahrnehmen, können wir das Gesprochene wirklich im Sinne des Sprechenden verstehen. So kann zum Beispiel ein Mensch, der aus selbstlosem Idealismus heraus Forderungen an die Menschheit stellt, sich durchaus der gleichen Worte bedienen wie ein anderer, der nur aus persönlichen

Interessen seine Ansicht verkündet. Hier gilt es, durch die Worte hindurchzuhören, um die Seelenhaltung zu erkennen, aus welcher der einzelne spricht.[5]

Die zunehmende Unfähigkeit, sich mit Worten zu verständigen, das Gefühl, eine andere Sprache zu sprechen als die anderen, führt zu einer immer stärkeren Isolation der Menschen untereinander. So hängt auch unsere soziale Zukunft als Menschheit davon ab, ob wir wieder die Fähigkeit erlangen, durch die Worte hindurch den Menschen zu hören, der spricht. Denn in jeder Sprache lebt eine Seele, die über den Laut hinaus ihrer ureigenen Individualitätsgebärde Ausdruck verleihen möchte. Ein wirkliches Verständnis vom Menschen werden wir erst erlangen, wenn wir durch die Wortinhalte hindurch hören lernen, was von Seele zu Seele sprechen möchte.

Tatsächlich weiß man heute schon, daß ein großer Teil der Botschaften von Mensch zu Mensch nicht über die Inhalte vermittelt wird, sondern zum Beispiel über den Tonfall, in dem gesprochen wird, oder über die Körperhaltung. Oft verhüllen die Worte sogar die Seele des Sprechenden. Dieser ist womöglich zu ungeschickt, seine Empfindungen sprachlich zu artikulieren – man denke an den gutmütigen Polterer –, oder aber er setzt bewußt geschickte Worte ein, die eine innere Kälte und Härte verschleiern sollen. Können Worte uns auch täuschen, so lebt doch im Sprechen selber immer eine Wesensoffenbarung, die uns die wirkliche Seelenhaltung der Menschen zu vermitteln vermag. Um den Sprechenden und sich selber umfassender erkennen und verstehen zu können, muß der Mensch lernen, unbefangen hinzuhören, *wie* der andere und er selber spricht. Staunend können wir dann wahrnehmen, wie innig unser ganzes Menschsein mit unserer Sprache verbunden ist, wie Sprache und Mensch eins sind.

3. heit → Stimme – Atem – Laut → Einheit = Sprache

Die Sprache faßt die Dreiheit Stimme, Atem, Laut zu einer Einheit zusammen. Ohne Stimme können wir uns zwar flüsternd verständlich machen, aber es fehlt der die Seele offenbarende Klang. Ohne Atem, ohne Luft ist das Sprechen unmöglich, das Wort braucht die Bewegung der Luft, die es trägt. Im luftleeren Raum ist kein Sprechen möglich. Sind wir der Laute nicht mächtig, so können wir zwar Seelenklänge, aber keine Gedanken vermitteln, es fehlt die gestaltende, die Weltinhalte nachbildende Kraft. So ist der Sprechvorgang ein lebendiger Prozeß zum Klingen gebrachter, gestalteter Luft. Jeder Teil für sich gibt einen anderen Aufschluß über unser Menschsein. Erst wenn Stimme, Atem und Lautbildung in einem rechten Verhältnis zueinander stehen, können wir von einer harmonischen, einer gesunden Sprache sprechen.

Wie offenbart sich der Mensch in seiner Stimme?

Die Stimme hängt mit der Stimmung unserer Seele zusammen. Ob wir zustimmen, übereinstimmen, verstimmt sind oder an Unstimmigkeiten leiden – immer ist es unser ureigener Wesenskern, der sich in einem harmonischen oder mißtönenden Verhältnis zur Welt erlebt. Wie die Seele gestimmt ist, wird durch die Stimme hörbar. An ihr erkennen wir einen Menschen. Sie ist tief mit seinem Wesenskern verwurzelt und so einmalig wie ein Fingerabdruck: Es gibt nicht zwei vollkommen gleiche Stimmen. Mögen wir auch unsere Stimme verstellen, etwas von unserem innersten Wesen klingt immer in seiner Eigentümlichkeit mit wie ein seelischer Urton, eine Urfärbung unseres Selbstes schwingt in ihr. Sie teilt uns mit, wo die Menschenseele sich in ihrem Wohnplatz Leib «angesiedelt» hat. Denn eine andere innere Seelenhaltung können wir zum Beispiel spüren, je nachdem, ob die Stimme aus dem Kopf oder aus dem Brustraum herausklingt. Eine Kopfstimme hat immer etwas Helles, oft Metallisch-Festes, sie kann in ihrer Überbetonung grell und nervig auf uns wirken. Oft ist sie von einer gewissen Hektik begleitet. Wir fühlen, da ist viel Licht, aber es mangelt an innerer Bewegung und Wärme. Hat die Stimme dagegen im Brustraum ihre Resonanz, so klingt sie warm und wärmend, einhüllend, dunkel, womöglich aber auch träge oder monoton. Die häufige Heiserkeit bei dunklen, tiefen Stimmen zeigt deren stärkere Leibgebundenheit: Der Sprechende hat es schwer, sich ans Licht zu ringen, er «ertrinkt» in seinem Säftehaushalt, während es der Kopfstimme an Wärme mangelt, was zeigt, daß der Mensch in gewisser Weise den Leib nicht richtig ergreifen kann. Im Extremfall können wir von Leibesflucht oder Gedankenflucht sprechen.

Zuviel Licht oder zuviel Schwere drücken sich in diesen Verschiebungen der Stimme aus, die beide zur Starre hin tendieren. Steigerungen dieser beiden extremen Stimmlagen haben wir in den nasalen, gequetschten oder auf den Kehlkopf drückenden Stimmen. Alle diese Stimmeinseitigkeiten zeugen von einer Gefangenschaft der Seele im Leib. Ob das Gefängnis im Verlies oder im Turm liegt, bleibt sich gleich, so unfrei die Stimme klingt, so unfrei fühlt sich auch die Menschenseele in ihrer Erdeninkarnation. Wird die Stimme befreit, in der Ausatmung bewegt und von den Lauten gestaltet und gehalten, spüren wir auch eine Befreiung unserer Seele, sie bekommt Schwingen und kann auf diesen ihr Innerstes nach außen tragen: Wir «befreien einen Gefangenen in uns», wenn wir den Ton im Atemstrom bewegen lernen.[6]

Wie hängt nun die Stimme mit diesem Innersten unserer Seele zusammen? Tatsächlich ist die Voraussetzung jeder Stimme das rote, warme Blut. Bei den tonlichen Äußerungen von kaltblütigen Tieren, wie zum Beispiel den Fröschen, handelt es sich um witterungsbedingte, mechanische Geräusche. Ähnliches liegt bei den Insekten vor. Erst mit der Bildung des roten Blutfarbstoffes und der durch die Beseelung der Leibesorganisation entstehenden Blutwärme sind die Voraussetzungen gegeben, daß ein Wesen aus seinem Inneren heraus den Ton zur Entfaltung bringen kann. An diesem Phänomen zeigen sich unterschiedliche Inkarnationszustände, die auch mit dem Eisengehalt, der für die Rotfärbung des Blutes verantwortlich ist, übereinstimmen. Tatsächlich äußert sich beim Menschen eine Eisenmangelerkrankung häufig in einer Schwächung des Willens, die sich wiederum in einer schwachen, kraftlosen Stimme ausdrückt. So werden der Eisengehalt des Blutes sowie die Durchwärmung der Willensorganisation stimmlich hörbar.[7] Beim Einzug der Seele in den Leib verwandelt sich Licht in Klang, der nun von innen heraus tönt und Ausdruck wird für unser inneres Feuer und unsere Ich-Präsenz in unserem Blute.[8]

Die rein kreatürliche Stimmkraft überwindet der Mensch, indem er seine Stimme von den verschiedenen Vokalen gestalten läßt. Unartikuliertes Schreien, etwa bei sportlichen Ereignissen, Massenveranstaltungen oder im Zustand der Trunkenheit, läßt uns das Animalische in uns erschreckend erahnen. Erst durch den Laut bekommt die Stimme ihre Fassung, ihre menschliche Würde.

Die Vokale steigen ursprünglicher und unbewußter aus unserem Wesen auf als die Konsonanten. Denken wir an die Interjektionen, die vom Kopf völlig unreflektiert aus uns herausdrängen. Ein schmerzliches ‹Au›, ein zärtliches ‹Ei›, ein staunendes ‹A› und ein überraschtes ‹O›, ein abwehrendes ‹Ä› oder ‹I› – sie alle schlüpfen über unsere Lippen, ehe wir überhaupt nachgedacht haben. So wie der Vokal ganz elementar vermittelt, wie ich zur Welt stehe und was ich ihr gegenüber empfinde, so drückt die menschliche Stimme in feinsten Nuancen aus, wie die Seele gestimmt ist. Fühlt sich der Mensch wohl, dann hat die Stimme eine leichte, helle, frohe, jauchzende, vielleicht übermütige Färbung. Hat er Sorgen, lähmt sich die Stimme herab, versagt womöglich im Schrecken oder wird brüchig im Leid. Klingt eine Stimme anders, als wir sie kennen, so machen wir uns Gedanken über den Menschen, wir spüren, daß er krank oder belastet ist oder sich vor uns verbergen will. Immer feiner können wir lernen, organisches und seelisches Verstimmtsein an der Stimme abzulesen.

Das Spektrum der Vokale zum Beispiel zeigt den Menschen in einer seelischen Entwicklungsreihe, die uns Aufschluß darüber geben kann, auf welcher Stufe er womöglich stehengeblieben ist oder vor welchem Schritt er zurückschreckt. So wie das Kind hingegeben, staunend und völlig offen in die Welt geboren wird (A), sich dann die Sehachsen kreuzen, die Hände einander greifen lernen (E), es zu seiner Aufrichtekraft findet (I), die Welt umfaßt und sich mit ihr verbindet (O) und in der Auseinandersetzung mit dieser die ersten Schmerzen und Ängste kennenlernt (U), um sich dann neu staunend wieder zu öffnen, so ist jeder menschliche Reifeprozeß von diesen Grundstimmungen der Seele begleitet. Wie schwer hat es ein Mensch, der womöglich sein Leben lang in einer A-Stimmung stehen bleibt und der den Einflüssen der Welt gegenüber völlig ungeschützt ist. Oder wenn er sich in einer ständigen U-Stimmung zusammenzieht, im Dunkel steckenbleibt, ohne hindurchzufinden zu einem neuen A, einem neuen staunenden Anfang.

Alle Erkrankungen des Blutes und Schwächen der Ich-Organisation sind an der Stimme abzulesen und können durch deren Bearbeitung ausgeglichen werden. Die gleiche Willenskraft, die unseren Leib für die Tat erwärmt und bewegt, wirkt in unserer Stimme. Schon der Drang zu sprechen, der Sprachwille, führt zu einer feinen, aber meßbaren Erwärmung unseres Organismus. Wird die Stimme dann vom Leib entbunden, zum Klingen gebracht, offenbart sie nicht nur unser seelisches Gestimmtsein, sondern ist auch Träger unserer Willensintentionen.

Daraus ergibt sich, daß die Stimme zugleich von seelischen Eigenschaften wie auch von willenshaften Gebärden durchzogen ist. Tatkraft wie Willensschwäche sind hörbar, wir drücken das aus, wenn wir von einer herrischen, drohenden, sanften oder schmeichelnden Stimme sprechen.

So können wir sagen, daß unsere Seele in der Stimme sowohl als Klang (Tonfall, Modulation) wie auch als Geste lebt. Will ich meinen Willen zum Beispiel in einem Befehl wirksam werden lassen oder etwas verdeutlichen, so bekommt die Stimme einen schneidenden, geführten Duktus. Bin ich dagegen noch mit eigenen Denkprozessen beschäftigt, während ich spreche, wird mein bedächtiger, volltönender Stimmklang ausdrücken, daß ich noch mehr in meinen Gedankengängen lebe als im Austausch mit der Welt. Jede wirkliche Frage trägt in die Stimme das Zittern der Ungewißheit hinein, hart klingt es, wenn ich den Dingen ablehnend gegenüberstehe, sanft, wenn ich ihnen in Sympathie zugeneigt bin. Befinde ich mich seelisch auf

dem Rückzug, dann lebt auch in der Stimme eine zurück-
ziehende, absetzende Gebärde. So wird *hörbar*, was sonst
im Raume *sichtbar* ist: mit welchen Willensgebärden die
Seele sich mit der Welt verbindet. Es handelt sich hier um
eine Metamorphose von der Leibesgebärde zur Stimmge-
ste, die Rudolf Steiner in einer Darstellung für Schauspieler und Sprachgestalter folgendermaßen ordnet:[9]

Gebärde	*Stimme*
1. deutend	schneidend
2. bedächtig	voll
3. fragend	zitternd
4. antipathisch	hart
5. sympathisch	sanft
6. zurückziehend auf sich selbst	kurz abgesetzt

Der Mensch kann sich nun fragen, welche dieser Gebärden stimmlich von ihm bevorzugt werden und welche er
zur Erweiterung seines Menschseins hinzunehmen sollte,
um weniger einseitig in der Welt zu wirken. Denn erst
wenn unsere Stimme Ausdruck *jeder* Seelenregung sein
kann, können wir von einem ganzheitlichen Menschsein
sprechen.

So läßt uns die Stimme nachempfinden, wie das Menschen-Ich mit seinem Wärme-Willenswesen umgeht, wo
es sich im Leib angesiedelt hat und womöglich in diesem
gefangen ist, welche Urstimmung ihm zu eigen ist und
welche innere Gebärde seinem Wesen zugrunde liegt. Dies
kann zu einem tieferen Verständnis des anderen Menschen führen. Jede Arbeit an der Stimme, die zu einer
Harmonisierung und gesteigerten Beweglichkeit führt,
trägt zu einer Stärkung und Befreiung der Seele bei. Eben-

so führt ein warmes, nicht urteilendes Nachvollziehen der Stimmlage des Sprechenden zu einem mitfühlenden Verständnis des anderen. Mögen uns die inhaltlichen Intentionen noch so unverständlich bleiben, ein innerliches Mitschwingen, ein Einstimmen auf die Seele des anderen wird zu einer größeren Übereinstimmung im zwischenmenschlichen Bereich führen.

Was uns der Mensch durch seine Atmung sagt

Der Befreier und Beweger unserer Stimme ist unser Atem. Auf seinen Schwingen zieht die Seele in den Leib ein, erfüllt sich mit Sinneswahrnehmung und kosmischen Impulsen und teilt sich ausatmend der Welt mit, verbindet sich mit ihr. Das griechische Wort *pneuma* (= Geist) deutet noch auf einen Zusammenhang unseres geistigen Seelenwesens mit der Atmung hin. Bei jeder Einatmung verbinden sich Geist und Seele mit dem Leib. Bei jeder Ausatmung lösen sie sich wieder ein wenig. Aufwachen und Einschlafen, Geburt und Tod sind die großen Brüder dieses Atemrhythmus, der die Menschenseele vom ersten bis zum letzten Atemzug im Leibe lebendig hält. Objektives strömt uns mit der durchlichteten Außenluft zu, tief innerlich Durchwärmtes und Befeuchtetes webt in unserer Ausatmung. Der Atemvorgang teilt sich so in eine geistig-seelische Einatmung und eine seelisch-belebte Ausatmung.

Aber auch dieses im Grunde kosmische Geschehen unterliegt den Gesetzen der individuellen Inkarnation, und so finden wir bei jedem Menschen unterschiedliche, teilweise konstitutionell begründete Atemgewohnheiten. Die

Frage, ob ein Mensch mehr ein Einatmer oder ein Ausatmer ist, läßt uns den einen mehr als Nerven-Sinnes-Wesen, den anderen mehr vom Stoffwechsel-Gliedmaßen-Geschehen impulsiert erleben. Zuviel Einatmung heißt Abbau, Starre, der Mensch ist überwältigt von den Sinneseindrücken, die nicht auf rechte Weise veratmet, das heißt vergeistigt werden in der Ausatmung. Eine Überwachheit, eine Überformung des Lebenspoles ist die Folge. Dieses führt zur Kurzatmigkeit, der Sprechende schnappt nach Luft, ohne seinen Atem verbraucht zu haben. Der Zuhörer erlebt die Unfähigkeit des anderen, sich zu lösen, als eigene Beklemmung.

Anderes liegt vor, wenn die Ausatmung gegenüber der Einatmung zu lange und zu wenig gestaltet gehandhabt wird. Der Luftverbrauch, der nötig ist, um Laute und Stimme zu bewegen, ist minimal, die Sprache bleibt flüchtig, ohne Akzente und Gliederung und wirkt einschläfernd. Dieses ist bei Menschen zu beobachten, die ihren Willen nicht ergreifen können, es mangelt ihnen an der gestaltenden, erneuernden Kraft der Einatmung. Sie träumen, ja schlafen in die Welt hinein, ohne wahrzunehmen, wie sie diese mit einschläfern. Wollen wir dem Einatmer zurufen: Laß doch los, verbinde nicht nur die Welt mit dir, sondern auch dich mit der Welt, so möchten wir den Ausatmer wecken mit dem Rat, die Luft schneller zu verbrauchen und sich durch eine impulsierte Einatmung zu erneuern. Zuviel und zuwenig Bewußtsein gehen mit diesen Atemeinseitigkeiten einher.

Wir können uns nun die Frage stellen, *wie* der Mensch beim Sprechen einatmet und ausatmet. Jede Einatmung ist ein feines Aufnehmen der Sinneseindrücke in unseren Organismus. So ist zum Beispiel bei einem Schock erlebbar, wie tief der Mensch den erschreckenden Sinneseindruck in sich aufnimmt, unfähig, ihn gleich zu verarbeiten und loszulassen: Er erstarrt mit geöffnetem Mund im Einatmungsvorgang. Ähnliches erleben wir, wenn wir plötzlich einen Einfall haben oder die Lösung eines Rätsels finden: Sinneseindrücke, Gedanken, Ideen werden regelrecht eingeatmet und so dem Menschen einverleibt. Mit jedem Atemzug greifen wir über uns hinaus in die uns umgebenden kosmischen Kräfte und gestalten und erneuern uns bis in das Blutgeschehen hinein durch diese. Gelingt es uns nicht, uns mit der Einatmung zu erheben und Schwere in Leichte umzuwandeln, so können wir von einer leeren, unerfüllten Einatmung sprechen. Dieses ist vornehmlich beim depressiv-gestimmten Menschen zu beobachten, dessen Gebärden auch selten über die Herzhöhe herausfinden und von Schwere belastet bleiben. Der Astralleib bleibt eng, weil die Einatmung zu einem rein physischen Vorgang wird. Bei großem Schmerz findet dieses Zusammenziehen der Seele dann in den Tränen seinen Ausdruck, die aus dem Lebensleib regelrecht herausgepreßt werden.[10] Spricht der Mensch weiter, ohne sich einatmend erneuert zu haben, baut er seine physische Substanz immer mehr ab und wird innerlich leer, ausgehöhlt, kraftlos.

Eine andere Frage ist es, ob es uns gelingt, das Eingeatmete in die Ausatmung hinüberzubringen, oder ob wir die Gestaltungs- und Lichtkräfte auf diesem Weg verlieren. Dieser Vorgang zeigt, inwieweit wir fähig sind, Aufgenommenes in rechter Weise zu verarbeiten, umzuwandeln und zu vergeistigen. Unser ganzes Menschsein ist von diesem Atem-Stoffwechsel-Geschehen berührt. Je inniger der Bezug von Einatmung zur Ausatmung ist, desto mehr kann sich der Mensch in gesunder Weise inkarnieren.

Zwischen der Einatmung und der Ausatmung spielt sich Wesentliches ab. Es müssen ja die Weichen gestellt werden, um einen Übergang zu schaffen zwischen unseren unteren und oberen Wesensgliedern. Diese Umstellung fällt manchen Menschen schwer. So wie der Depressive nicht wirklich in eine astralisch impulsierte Einatmung findet, so schafft zum Beispiel der Asthmatiker nicht den Wechsel zur lösenden Ausatmung. Er überträgt die gestaltenden Einatmungskräfte auf die Ausatmung, so daß sich der Ausatmung regelrechte Widerhaken entgegenstellen, die bis zur Bildung kleiner Kristalle im Lungensekret führen können: Der Mensch kann sich nicht hineinlösen in das Ätherische. Immer ist das Gefühl, keine Luft zu bekommen, zu ersticken, verbunden mit einem mangelnden Loslassen in der Ausatmung. Es handelt sich dabei um eine Überbetonung der Formelemente gegenüber dem Lebenspol.

Daß unser Atemgeschehen in einem besonderen Verhältnis zu unserer Inkarnation steht, offenbart sich deutlich beim Sprechen. So wie die Seele mit dem Leib eine Verbindung sucht, so der Atem mit den Lauten. Er findet in ihnen eine aus Luft geformte, gestaltete Leibeshülle. Dabei spielt das Verhältnis vom Atem zum Laut eine große Rolle. Gelingt es, die Luft im Laut zu verbrauchen, oder ist dieser vom Atem überblasen, überhaucht? Habe ich mehr Atem als Lautbildungskraft, oder umgekehrt, schreckt mein Atem zurück, wenn er an den Laut anstößt, statt diesen in Bewegung zu bringen? Inkarnation heißt ja nicht im Leibe steckenbleiben, sondern diesen so zu bewegen, so ergreifen zu lernen, daß er Werkzeug unserer Willensäußerungen wird. Wie die Seele mit dem Leib umgeht, ob sie vor ihm zurückschreckt, in ihm erstarrt, ihn überwältigt und auflöst, oder ihn übergeht, um dann gewissermaßen ohne leibliche Stützen ein Eigenleben zu führen, all das lernen wir erkennen am Zusammenspiel von Atmung und Lautbildung. Nur wenn der Atem Stimme und Laute in rechter, das heißt harmonischer Weise verbindet und in Bewegung bringt, drücken sich gesunde Inkarnationsverhältnisse aus.

Menschenerkenntnis durch Lautbildung

Erst durch die Laute werden die Ausdrucksmittel Stimme und Atmung zur Menschensprache gestaltet. Sie sind die «göttlichen Lehrmeister», die unserer Stimme Würde und unserer Atmung Stütze geben. Da die Vokale sprachlich gesehen der menschlich modifizierte Ausdruck unserer Stimme sind, wurden sie vorrangig im Abschnitt über die Stimme besprochen. In ihnen klingt unsere individuelle Seelenmelodie aus uns heraus, verständlich können wir uns in einem rein vokalischen Tönen nur über das Gefühl machen. Erst mit den Konsonanten zieht Bewußtsein, Gedankenhaftes in die Sprache ein. So wie die Vokale mehr oder weniger unbewußt aufsteigen und zum Klingen gebracht werden, so bilden wir mit den Konsonanten die Welt und ihre Elemente nach. Klang und Farbe vermitteln die Vokale der Sprache – formende, plastische Elemente fügen ihr die Konsonanten zu. Wir haben es also vokalisch gesehen mehr mit einem Ausdruck unserer Lebensprozesse, bei den Konsonanten dagegen mit den ans Gedankliche heranführenden Sinnesprozessen zu tun.[11]

Nun geht aber jeder Mensch unterschiedlich mit diesen Kräften um. Der eine mag eine Vorliebe für das Vokalische haben, die Sprache ist dann weitklingend, die Seele womöglich ein wenig unbekleidet, ungeschützt, im Extremfall haltlos. Ein anderer Mensch mag sich mehr im Konsonantischen zuhause fühlen, eine gewisse Schärfe, eine überformte Sprache kann die Folge sein, das Seelische wirkt dann wie erdrückt und verborgen. Hier können wir erspüren, ob ein Mensch besser mit den musikalischen oder den plastischen Kräften in sich umgehen kann, ob er mehr Eigenes oder Sachliches ausdrücken will. Tatsächlich braucht es ein Gleichgewicht zwischen beidem. Erst durch den Halt der Konsonanten bekommt der Vokal seine Stütze, die Konsonanten sind die Fassung, die den «Edelstein» Vokal erhöhen und ihm seinen Glanz verleihen.

Wollen wir erkennen, wie ein Mensch sich in seiner Lautbildung offenbart, dann müssen wir davon ausgehen, daß jeder Laut seinen Ort und seine Gesetze hat, so wie jeder Stern seine Bahn und seinen Platz am Firmament. Hunderte von Muskelbewegungen gehen jeder Lautbildung voraus, die ja gänzlich unbewußt abläuft. Daß Lippen, Zähne, Gaumen und vor allem die Zunge an allen Lautbildungen unterschiedlich beteiligt sind, haben wir weitgehend aus dem Bewußtsein verloren. Erst beim Erwerb einer Fremdsprache wachen wir ein wenig auf für die komplizierten Bewegungen unserer Sprachwerkzeuge. Durch den von Rudolf Steiner gegebenen Zusammenhang zwischen Tierkreis und Konsonanten einerseits und Planeten und Vokalen andererseits können wir ahnen, was es heißt, einen Laut ihm gemäß und an der für ihn richtigen Stelle zu bilden. In manchen Sprachen ist das Wort für Gaumen und Himmel noch das gleiche (zum Beispiel griechisch: uranos, holländisch: het gehemelte), und deutet darauf hin, mit welchen Kräften wir uns sprechend verbinden. Jede Abweichung von diesen Sternenorten in unserem Sprachorganismus bedeutet ein Stück Verlust unseres Menschseins. Nur der harmonisch gebildete Laut kann mit seiner Kraft auf uns wirken und den Menschen und sein innerstes Wesen offenbaren.

Auch wenn die Vokale frei klingen sollen (und nicht blechern oder gequetscht), so haben sie doch eigene Form und Gesetz. Haben wir uns wirklich mit den A-, E-, I-, O-, U-Qualitäten verbinden können? Vermögen wir uns leiblich, seelisch und geistig so zu weiten, daß das A in uns Raum findet und klingen kann? Schaffen wir es, uns im E hinter den Zähnen zu festigen und im I über uns hinauszuwachsen? Formen die Lippen auf rechte Weise ein O oder U, oder brummt es irgendwie aus mir heraus? In welchem Vokal fühle ich mich wohl und in welchem nicht? Die Antworten auf diese Fragen können uns Aufschluß geben über die Fähigkeit des Menschen, sich zu öffnen, zu festigen, wirksam zu werden und sich zu behaupten, sich zu verbinden oder mutvoll eine Krise zu bewältigen.

Anderes lernen wir über den Menschen, wenn wir innerlich nachvollziehen, wie er die Konsonanten bildet. Beim Konsonantisieren wird der Sprachraum zu einer regelrechten Werkstatt, in der mit den Sprachwerkzeugen Zunge, Zähne, Lippen, Gaumen die Laute geschmiedet werden. Die Konsonanten lassen sich in vier Gruppen einteilen, die je einem Element zugeordnet werden können. An den erdhaften Stoßlauten (B, P, D, T, G, K, M, N) erfahren wir plastisch den Widerstand des Leibes. Ein fließendes, wäßriges Element trägt das L in sich, die Zungenspitze durchwellt den Atemstrom, während das R Gaumenzäpfchen, Zungenspitze oder Lippen im Element der Luft erzittern läßt. In den Blaselauten (H, CH, J, SCH, S, F, W) wird die Atemwärme differenziert eingesetzt. Den Elementen liegen die vier Aggregatszustände zugrunde, in denen die Gesetze von Inkarnation und Exkarnation leben. Gehen wir den Weg vom Blaselaut zum Stoßlaut, so erleben wir verdichtete Kräfte – umgekehrt sind es Stufen der Vergeistigung. Das Wort *Welt*, bei dem allerdings, anders als beim englischen *world* oder holländischen *werelt*, das R als Luftelement fehlt, zeigt uns einen Weg der Erdenverkörperung von der Wärme ausgehend (Blaselaut W) über Luftiges (Luftlaut R fehlt), Wäßriges (Wellenlaut L) zu Festem (Stoßlaut T). Es ist dies der Weg jeder Inkarnation. Wir durchwärmem, durchwirbeln, durchwellen und durchstoßen im Konsonantisieren die Luft nach den Gesetzen der vier Elemente. Und das, was in uns fest, flüssig, luftig oder warm ist, fühlt sich angesprochen, reagiert und schwingt mit.

Ein Mensch, der vorwiegend stoßend mit der Sprache umgeht, drückt anderes aus als einer, bei dem alle Laute und Worte ineinanderfließen. Wie merkwürdig sind wir berührt, wenn es beim Sprechen nur so zischt und die ganze Sprache sich in Richtung Blaselaute auflöst. Wieder ist es der harmonische Zusammenklang der einzelnen Elemente, der uns erst befriedigt. Berauscht sich der Mensch an seinem Wärmewesen, verliert er die Führung über das Lautgeschehen, erleben wir ihn geschwächt in dieser Einseitigkeit. Auch die Blaselaute brauchen Führung und Kontur, sonst verselbständigen sie sich und überwältigen uns, weil sie exkarnierend wirken. Ebenso braucht der feste Stoßlaut den lebendigen Prozeß, der allem Festen zugrunde liegt, auch er hat ein Entstehen und Vergehen und besteht nicht nur aus starrer Form.

In diesem konsonantischen Geschehen erleben wir den Menschen und seine Wesensglieder. Wir hören, wie er im festen, flüssigen, luftigen und wärmehaften Element lebt, wo Vorlieben oder Schwächen sind und inwieweit das Ich die Hüllen durchdringt. Lösen wir diese Beobachtungen noch weiter von den einzelnen Lauten ab und fragen uns, ob eine Sprache mehr hitzig, luftig bewegt, träge fließend oder hart anstoßend auf uns wirkt, so offenbart sich auch das Temperament des Sprechenden.

Recht kompliziert wird es, wenn wir der Vierheit der Konsonantengruppen die Dreiheit der Lautbildungszonen hinzufügen. So wie wir es bei der Stimme (hell oder dunkel, Kopf- oder Brustresonanz), den Vokalen, die in Blutvokale (A, O, U) und Nervenvokale (E und I) eingeteilt werden können, und der Atmung (Ein- und Ausatmung) vorwiegend mit der Zweiheit zu tun haben und das Dritte erst aus dem Hin- und Herweben zwischen den Polen entsteht, das Ganze also etwas stark Dialogisches hat zwischen dem oberen und unteren Menschen, so erscheinen die Konsonanten als Vierheit in der Dreiheit. Wir sprechen von Lippenlauten, Zahn-/Zungenlauten und Gaumenlauten: Lippenlaute: M, B, P, F, W, R; Zahnlaute: S, Z, SCH, L, N, D, T, R; Gaumenlaute: G, K, CH, J, NG, R.

Hier offenbart sich der Mensch nun als dreigliedriges Wesen in seinem Denken, Fühlen und Wollen. Eine kräftige willenshafte Sprache, wie sie zum Beispiel in den Gebirgsländern gesprochen wird, hat ihren Sitz mehr im Gaumen. Je gefühlvoller wir sprechen, desto mehr suchen wir uns die dazu passenden Lippenlaute. In der Lyrik ist das ebenso erlebbar wie bei dem sprechenlernenden Kind, das als erstes seine Lippen abtastet mit den Lauten M, B und P, bevor es sich nach und nach bis zum im Gaumen klingenden K durcharbeitet. Verletzlich und empfindsam zeigt sich der Mensch, wenn er sein Herz auf den Lippen trägt.

So, wie wir mit unseren Zähnen die Nahrung zerkleinern, so zerkleinern wir mit unserem Denken die Weltinhalte. Wach, aber auch scharf kann die Sprache klingen, wenn sie vorwiegend an den Zähnen gebildet wird, Gedankliches schwingt in ihr mit. Auch hier hängt das harmonische Sprechen wieder davon ab, ob wir die Laute in einem freien Hin- und Herweben zwischen den einzelnen Zonen bilden, oder ob der Sprechende die eine oder andere Zone bevorzugt. Zeigen wir «im Gefühl unsere Zähne», oder wollen wir Willenshaftes auf den Lippen ausdrücken, ist die Sprache im ganzen zu willenshaft und mangelt ihr Klarheit und Licht, so wirkt das auf uns wie ein falscher Geschmack. Die Lautzonen umfassen uns in unserer Vollmenschlichkeit als denkendes, fühlendes und wollendes Wesen. Alles Übertragen des einen in das andere reduziert uns und macht uns unfrei.

In den drei Lautbildungszonen werden wiederum die Wesensglieder wirksam erlebbar. Ein Mensch, dessen Lebenskräfte geschwächt sind, hat es schwer, sich sprachlich wirklich im Gaumen abzustützen, sich zu gründen. Die Lippenlaute dagegen regen besonders unsere Ich-Kraft an. Zur rechten Lautbildung braucht es hier eine besondere innere Aktivität der Stimme und Atemführung. Die wache Deutlichkeit, die Gliederungsfähigkeit der Zahnzone, trägt Astralisches in sich. Die Kraft oder Kraftlosigkeit des Sprechenden im Ätherleib, Astralleib und Ich drücken sich in den sprachlichen Ansätzen aus.[12]

Ungeheuer differenziert können wir nun den Menschen betrachten. Mangelt es ihm generell an der Fähigkeit, einen Stoßlaut richtig konturiert zu bilden, oder zeigen sich die Stoßlaute nur im Gaumenbereich (oder auf den Lippen oder an den Zähnen) als zu schwach geformt? Liegt eine Einseitigkeit im Bereich des Denkens, Fühlens oder Wollens vor? Wo werden die Blaselaute besonders gut, wo nur schwach, wo zu stark gebildet? Fragen dieser Art geben uns Aufschluß, wie der Mensch mit seiner Vierheit in der Dreiheit lebt. Sie führen über die Menschenoffenbarung hinaus in das Gebiet der Medizin hinein und sollen an dieser Stelle nur als Phänomen angesprochen werden. Wie oder wo jeder Laut gebildet wird und wo die Verhältnisse gestört oder einseitig geworden sind, ist Ausdruck unseres gesunden oder kranken Menschseins.

Nehmen wir noch die sinnlich-sittliche Erfahrung der verschiedenen Geschmacksrichtungen hinzu und erleben wir die Qualitäten von süß, sauer-scharf-salzig und bitter, die unterschiedlich wahrgenommen werden an den verschiedenen Lautbildungszonen, so können wir deren Zusammenhang mit den Wesensgliedern regelrecht schmecken und nachempfinden, ob das Lebensgefühl eines Menschen mehr ein bitteres, ein säuerliches, scharfes, versalzenes oder süßes ist.

Wesentlichen Anteil am Lautgeschehen hat die Zunge. Tänzerisch tastet sie den Gaumenhimmel ab, verdickt sich, spitzt sich, wellt und rollt und ist bei *jeder* Lautbildung oft ganz unauffällig, aber entscheidend beteiligt. Rudolf Steiner nennt die Zunge das Tastorgan der Seele, und wir können auf eine träge gewordene Seele schließen, wenn die Zunge nicht in rechter, beherzter Weise ihre Bewegungen ausführt.

Die menschliche Gestalt

In der menschlichen Gestalt haben wir das sprachliche Menschenbild zur Form geronnen vor uns.[13] Denn so wie der Mensch steht und geht, so spricht und atmet er auch. Alle Offenbarungen des Menschen in Stimme, Atem und Lautbildung bestätigen sich in seiner Körperhaltung. Die Kraft, sich aufzurichten, drückt sich gleichermaßen im Lei-

be aus, wie die Fähigkeit, mit Schwere und Leichte umzugehen. Sacken wir in den Knien zusammen, sind wir der
Schwere übergeben. Mit durchgedrückten Knien schnüren
wir uns von der Erde ab und können die Schwere nicht abgeben. Im Grunde genommen sind die Knie ein Atmungs-
organ, das zwischen Schwere und Leichte vermittelt. Hängende Schultern, ein vorwärtsstolpernder Gang, schlurfen-
de oder tänzelnde Schritte oder ein Stelzen des Fußes sprechen ebenso ihre eigene ausdrucksvolle Sprache wie eine
schiefe Kopfhaltung oder ständig geballte Fäuste. Jede von
innen vollzogene Haltungsveränderung verändert auch die
Seelenhaltung. Ein festes, schrittbereites Auf-der-Erde-
Stehen, Aufrichtekraft und freie Kopfhaltung sind die Voraussetzung für ein gesundes und harmonisches Sprechen.
Allerdings können wir uns im Leib eher verbergen als in der
Sprache: Auch in einem äußerlich aufgerichteten Körper
kann eine hängende Seele wohnen. Es ist deshalb etwas we-
sentlich verschiedenes, ob ich den Menschen von außen
korrigiere (Bauch rein, Brust raus; Geradestehen) oder ob
die von den Sprachkräften angeregte Seele den Leib ergreifen und dessen Haltung von innen her verwandeln kann.

So offenbart der Mensch sein ganzes Wesen, indem er
seine Fähigkeiten, Möglichkeiten, Einseitigkeiten oder
Schwächen sprechend in die Welt hineinatmet. Wir können die Klangfärbung seiner Seele in seiner Sprache nachempfinden, sein Inkarniertsein, seinen Umgang mit sich
und der Welt, sein Verhältnis zum Kosmos, seinen Bezug
zu Schwere und Leichte, zu Dunkelheit und Licht, sein
Wesensgliedergefüge und seine Denk-, Fühl- und Wil-
lenseigentümlichkeiten. Wir können das auch alles auf
uns selbst beziehen und im Hinlauschen auf unsere eigenen Sprechgewohnheiten zu immer tieferen Wahrnehmungen unseres Menschseins kommen.

Dieses bringt aber eine große Verantwortung mit sich. Vorschnelles Kategoriendenken, Aburteilen oder falsche Scham verzerren und verhindern die Wahrnehmung. Gerade weil die Sprache Intimstes von uns offenbart, bedingt sie ein verändertes Hören. Innere Widerstände und die in die Hüllennatur des Leibes eingewobene Egoität gilt es zu überwinden, damit wir fähig werden, durch die Hüllen des sprechenden Menschen hindurchzuhören. Das bedeutet eine «Umwandlung der Kräfte des sogenannten Bösen in uns».[14]

Interesse für das andere Ich, Mitgefühl und Liebe sind die eigentlichen Erkenntnisorgane, um den Zusammenhang von Sprache und Mensch hörend erleben zu lernen. Sie allein können die Hüllen, in denen jeder auf der Erde inkarnierte Mensch gefangen ist, durchsichtig machen. Ein in dieser Weise geschultes Ohr wird bis zum Wesenskern vordringen, der bei jedem Menschen gleich schön, erhaben und liebenswert ist. Den Menschen wirklich über das Ohr *sehen* zu lernen, ist eine Übung des Herzens, nicht des Verstandes. Hier gilt der Satz von Antoine de Saint-Exupéry: «Man sieht nur mit dem Herzen gut. Alles Wesentliche ist dem Auge unsichtbar.»

Mag unsere Hüllennatur uns noch so einseitig erscheinen lassen, der göttliche Funke ist in jedem von uns und wird im Sprachprozeß – und mag er noch so unvollkommen gestaltet sein – hörbar und sichtbar. Er beschenkt den, der sich sprechend offenbart, mit Trost und Kraft zu innerer Wandlung und Erneuerung. So können wir uns in der Sprache nicht nur vollständig aussprechen, sondern erhalten auch die rechte Ansprache durch das höhere Wesen in uns, das sich durch einen veränderten Umgang mit dem Wort immer freier entfalten kann.

Die ganze menschliche Entwicklung kann im Hinblick

auf Stimmentfaltung, Atmung und Artikulation wie eine sprachliche Menschenkunde erlebt werden. Eingebettet in das Wortwesen verläuft die Inkarnation nach Gesetzmäßigkeiten der Sprache, die den Menschen leiblich, seelisch und geistig vom ersten Schrei bis zum letzten Atemzug begleiten und seiner wahren Bestimmung zuführen wollen.

2

Die Sprache in der
menschlichen Entwicklung

Mensch sein heißt schlechthin,
Sprache haben.
Johann Gottfried Herder

Der erste Schrei des Neugeborenen verkündet uns den Beginn seines Erdenlebens: Die Geburt ist vollzogen, das neue Menschenwesen bekundet seinen Willen zum Leben mit einer Äußerung seiner Stimme. Um schreien zu können, muß das Kind ausatmen, dieses bedingt wiederum, daß zuvor Luft in die Lunge eingeströmt ist. Es ist aber nicht richtig, anzunehmen, daß der erste Atemzug des Menschen bereits eine willkürliche Einatmung ist. Die ineinandergefalteten Lungenbläschen dehnen sich unwillkürlich aus und empfangen die Außenluft wie einen geistigen Naturvorgang. Erst in der folgenden, vom Schrei begleiteten Ausatmung verbindet das Neugeborene seine Seele mit seiner Blut- und Atemzirkulation und wird Erdenmensch.[15] So steht am Anfang des neuen Erdenlebens die Verbindung der menschlichen Stimme mit dem Atemorganismus.

Eltern von mehreren Kindern wissen, daß jedes Neugeborene unterschiedlich schreit. Die Stimme des Säuglings, so unentwickelt sie noch ist, trägt bereits den Stempel seiner eigentümlichen Wesensart. Quäkende und schrillende, wimmernde und krähende Stimmen sind zu unterscheiden, manche klingen harmonisch, manche fordernd oder zornig, wieder andere haben einen freudigen oder zärtlichen Klang. Allen aber ist gemeinsam der noch unfertige, rohe, ja nackte Unterton. Nur schreiend kann der Säugling seine Gefühle und seinen Willen kundtun, und die darin hörbare Hilflosigkeit der noch nicht zu sich selbst erwachten Seele rührt an unser Erbarmen. Und so, wie wir die Nacktheit des Säuglingsleibes mit Kleidung einhüllen und bedecken, so geben wir seiner Seele den ersten Schutz und Halt durch beruhigende Worte, durch Verse und Lieder. Laute und Klang umkleiden und nähren die Seele und sind lebensnotwendig für sie wie Kleidung und Milch für den Leib.

Erschüttern können uns die Ergebnisse eines Versuches, den Friedrich II. im 13. Jahrhundert unternahm. Er ließ Neugeborene bei bester körperlicher Pflege und Ernährung von Ammen betreuen, denen in Gegenwart der Kinder das Sprechen verboten war. Auf diese Weise hoffte der Staufer-Kaiser, daß sich aus dem kindlichen Lallen eine Ursprache herausentwickeln würde. Ohne Sprache aber fehlte den Kindern die geistig-seelische Nahrung, und sie starben alle.

Eine hauptsächliche Beziehung zwischen dem neugeborenen Kind und seiner Umgebung geht über das Hören. Schon kurze Zeit nach der Geburt hört die Mutter am Klang der Stimme ihres Kindes, ob es sich wohlfühlt oder nicht, ob es Hunger hat oder gewickelt werden will. Hier wird nachvollziehbar, was sich dann im ganzen menschlichen Lebenslauf weiter verdeutlicht: Die menschliche Stimme ist Ausdruck unseres Willens- und Gefühlslebens, das von Geburt an bereits zarte individuelle Züge trägt. Was dagegen die es umgebenden Menschen für das Kind empfinden oder von ihm erwarten, hört dieses am ruhigen oder heiteren, ungeduldigen oder liebevollen Stimmklang der anderen. Ein intensiver Austausch von Mund zu Ohr, zwischen Sprechen und Lauschen, begleitet die erste

Lebenszeit des Kindes. Gehen wir weiter zurück bis vor die Geburt, so entdecken wir, daß sich bereits im Mutterleib der Embryo *hörbar* geäußert hat, indem seine Herztöne seine Gegenwart kundgetan haben. Andererseits kennt das Kind die Stimme seiner Mutter, lange bevor es diese mit Augen sehen kann. Vom Herzschlag des Embryos über den Schrei des Neugeborenen zur stimmlichen Äußerung des Säuglings haben wir hörbare Wahrnehmungen der sich inkarnierenden Menschenseele.

Das erste Jahrsiebt: Die Sprache ergreift den Leib

Die Sprache ist eine erste Erzieherin des Menschenwesens. Sie vermittelt der kindlichen Seele Wohlbefinden, Ordnung, Beruhigung, Anregung oder Angst und Unruhe. Das Kind ist noch viel empfänglicher als der Erwachsene für die seelischen Untertöne des Sprechenden und reagiert auf alle seelischen Nuancen, gleichgültig, welche Inhalte ausgesprochen werden. Es orientiert und ordnet sich an der in der Sprache lebenden Ich-Aktivität seiner Umwelt und erhält so die notwendigen Kräfte für seine Inkarnation. Indem das Kind Sprache hört, wird ihm der geistige Ursprung des Menschen fühlbar, und es findet den scheinbar verlorenen Zusammenhang mit dem Kosmos wieder im Klang der gestalteten Sprache, in der jeder Laut seinen Zusammenhang mit den Sphärenharmonien in sich trägt und ein Göttlich-Wesenhaftes offenbart.

Welcher Zauber liegt über der Wiege eines Kindes, das wenige Wochen nach der Geburt mit unermüdlichem Eifer sprachlich zu üben beginnt. Mit großem Ernst und tiefer Freude tastet es sich in die Laute hinein, schmeckt, fühlt sie und sinnt ihnen nach. Es ist wie umgeben von kosmischen Lautkräften, mit denen es sich in spielerischem Üben verbindet, die es sich einverleibt, bis sie aus ihm herauszuklingen beginnen. Die Stimme, die einem ungeschliffenen Rohdiamanten gleicht, beginnt sich im kindlichen Lallen zu modifizieren, zarte Vokalklänge werden ausprobiert und gestützt im zunehmenden Konsonantisieren. Lippen und Zunge sind in ständiger Regsamkeit und werden im Atemstrom zu Artikulationswerkzeugen umgestaltet. Deutlich können wir wahrnehmen, wie das anfangs ungestaltete musikalische Stimmaterial plastisch bearbeitet wird. Wir können beobachten, wie die Seele des Kindes immer stärker in den Leib einzugreifen vermag, bis – um das dritte Lebensjahr herum – das Ich sich selbst, wenn auch noch träumerisch-unbewußt, artikuliert.

Die ursprüngliche Geistigkeit der Laute und Silben fügt sich nun zusammen zu den dem Menschensinn angepaßten Worten und kleinen Sätzen. Immer deutlicher kann das Kind sich verständlich machen und erste kleine Gedankengänge nachbilden. Schauen wir auf das nimmermüde Spiel der Hände in der ersten Lebensphase, die sich im Zupacken und Loslassen üben, so haben wir ein Urelement der Sprache vor uns, und der ihr innewohnende rhythmische Atemprozeß wird sichtbar: Verbindung mit der Leiblichkeit und Hingabe an die Welt sind die Gesetze, nach denen sich der Mensch inkarniert und auf Erden zu sich selber findet. Inkarnation ist ein in den Atemrhythmus eingebetteter Vorgang, der sich – vom Hören ausgehend – über das kindliche Lallen und das Spiel der Hände, das Ergreifen der Aufrichtekraft und schließlich das sichere Schreiten auf der Erde vollzieht. Wir können zusehen und zuhören, wie sich die Seele in den Leib hineinarbeitet und ihn zum Werkzeug des Ich heranbildet. Der noch weiche, ungeformte Organismus des Kindes wird innerlich und äußerlich regelrecht durchplastiziert, je stärker die sprachlichen Artikulationskräfte wirksam werden.[16]

In diesen ersten Lebensjahren geht die ganze Sehnsucht des Kindes dahin, seine Leiblichkeit in einem dem Atemvorgang entsprechenden Rhythmus von Verbinden und Lösen durchzugestalten. Eingeleitet wird dieser Prozeß durch das Ergriffensein von einer makrokosmischen Lautlichkeit. Durch diese angeregt, lernt das Kind sich erst mit den Händen, dann mit den Füßen mit der Erde immer wieder neu zu verbinden und von dieser zu lösen und beginnt nun im Gehen, Sprechen und schließlich Denken, die Seele immer reicher zu entfalten. Das plastische Durchgestalten des Leibes ermöglicht der Seele, diesen so zu durchdringen, daß sie in ihm als geistiges Wesen leben kann und er nicht zum starren Kerker wird. Jeder Schritt, jedes Wort und jeder Gedanke erweitert und vertieft das menschliche Wesen. Zu einer individuellen Persönlichkeit will die Seele heranreifen: Inkarnation ist kein Endpunkt, sondern ein Durchgang durch die Leiblichkeit, der zum Ziel hat, daß die Seele wieder aus dieser herausklingen kann und so einen geistigen Lebensraum findet (personare = durchklingen). Lernt das Kind, sich selbst zu artikulieren, so wird es deutlich geordneter. Die erst zappelnde, unruhige Kinderseele beginnt in sich selbst zu ruhen. So führt dieser so entscheidende erste Lebensabschnitt, der im dritten Jahr einen gewissen Höhepunkt erreicht, gegen das siebente Jahr mit dem Zahnwechsel hin zur Schulreife.

Nie sind uns die erziehenden und aufbauenden Kräfte der Sprache so deutlich wie in den ersten Lebensjahren. Es kann uns nachdenklich stimmen, daß sich Ernährung und Sprechen am gleichen physiologischen Ort abspielen und wir gleichermaßen im Mundraum die Speisen wie die Laute schmeckend ertasten. Wird die Nahrung vom leiblichen Stoffwechsel umgewandelt und teilweise ausgeschieden, so wird der Gedanke in seiner Lautgestalt vom Atemrhythmus ergriffen und in der Luft zum Klingen gebracht. Leibliche und geistig-seelische Ernährung spielen sich nach gleichen Gesetzen auf zwei verschiedenen Ebenen ab. Unmittelbar können wir im Schmecken den Übergang vom sinnlichen ins sittliche Element nachvollziehen. Sowohl eine Speise wie auch ein Wort kann uns Süßes oder Bitteres vermitteln. Der Säugling, der bis in die Zehenspitzen hinein seine Geschmackserlebnisse durchfühlt, verdeutlicht uns noch eine sinnlich-sittliche Einheit, die wir im späteren Lebenslauf immer mehr verlieren und die es auf neuer Stufe zurückzugewinnen gilt.

Wir können uns nun fragen, welche Aufgaben der Erzieher in diesen ersten sieben Lebensjahren am Kind hat, wie der Einzug der Seele in den Leib im Hinblick auf die Sprache sinnvoll unterstützt werden kann. Das Kind sucht wie gesagt in dieser Zeit die plastischen Kräfte und braucht sie für eine gesunde Durchgestaltung seiner Organe. Wir werden seinem Willen zur Inkarnation nicht gerecht, wenn wir es nur mit musikalischen Kräften umgeben und unsere Sprache allzu gefühlvoll im Vokalischen belassen, um «die zarte Kinderseele zu schonen». Diese freut sich gerade an der Gegenständlichkeit der Erdenwelt, sie will an dieser und für diese aufwachen. Das Kind fühlt sich wohler bei sicheren und liebevoll zupackenden Berührungen, als wenn wir es wie ein rohes Ei behandeln, das jeden Augenblick zerbrechen könnte. Eindeutigkeit und Sicherheit sollten unsere Gebärden begleiten, die ja auch zu der Kinderseele sprechen und dem Kind Halt und Geborgenheit vermitteln. Das Kind will erst einmal ankommen auf der Erde und sich mit dieser auseinandersetzen, und es empfindet ein großes Wohlbehagen, wenn wir ihm formende Kräfte zuführen.

Nehmen wir es wörtlich, daß die Seele aus der geistigen Welt zur Erde hinuntersteigt, so können wir in unseren Gebärden, in Stimme und Atemführung darauf achten, dieser Abwärtsbewegung Rechnung zu tragen. Gute, plastische Konsonanten stützen die Stimme und bewahren sie davor, im Übermaß der Gefühle für das Kind, im Kopf einen unguten, womöglich sentimentalen Klang zu entfalten. Ruhige, der Sprache gemäße Gesten von oben nach unten können die kleinen Sprüche und Fingerspiele begleiten und die Ausatmung vertiefen. Schnell wird das Kind unsere Gebärde nachahmen und so im Üben der Feinmotorik seine Sprachfähigkeit verstärkt ausbilden. Sind unsere Bewegungen flüchtig und unsicher, hüpfen die Hände immer wieder nach oben weg, so lösen wir den notwendigen plastischen Vorgang auf und erschweren dem Kind seine Inkarnation.

Vorwiegend in Rhythmen, die mit einer Länge beginnen oder die das Element der Länge besonders hervorheben, können wir die der Sprache innewohnende Bildhaftigkeit dem Kinde zuführen. Eine Vielzahl von schönen Anregungen für eine gute Laut- und Rhythmusgestaltung finden wir zum Beispiel in den Reimen von Marianne Garff.

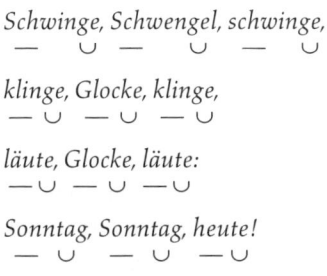

Schwinge, Schwengel, schwinge,

klinge, Glocke, klinge,

läute, Glocke, läute:

Sonntag, Sonntag, heute!

Die vokalnahen Konsonanten NG, L und N ermöglichen ein tiefes Hineinschwingen in die Längen – es wird zu einem Hinunterschwingen, wenn wir die Arme von oben nach unten bei den Längen abwechselnd aufeinander zu- und wieder auseinanderführen. Nach jeder Zeile schwingen die Arme nach oben zurück und beginnen von vorne. So bekommt auch die Einatmung einen ruhigen, rhythmischen Charakter.

Es ist wichtig, daß das Kind lernt, eine Handlung ganz zu Ende zu bringen. Im Falle der Sprache ist es die Atemeinheit der Zeile und das in ihr enthaltene Bild, das in Ruhe zu Ende gestaltet werden soll, bevor wir wieder ganz neu von vorne beginnen. Das Kind atmet die Rhythmen und Bilder mit, oft gestaltet es bis in die Mundbewegungen hinein das Gehörte nach, bis es den Spruch schließlich selber zu sprechen vermag.

In diesen ersten Lebensjahren ist auch jede dramatische Gestaltung der Sprache und eine intellektuelle oder moralisierende Betonung störend für die kindliche Entwicklung. Sie bringen nur Verunsicherung und Nervosität.

Welche Heilkraft liegt besonders in den Grimmschen Märchen, die ein einziges großes Abwärtsatmen von Wort zu Wort, von Satzteil zu Satzteil sind, indem sich das Bild schrittweise verdeutlicht. In einer gleichbleibenden Satzstruktur wird das Märchenbild Stück für Stück entwickelt: jeder Satzteil enthält ein neues Bild, dieses reichen wir dem Kind mit der jeweiligen Ausatmung. Die Konsonanten sollen recht anschaulich gestaltet werden, damit Konturen in die Märchenwelt einziehen. Durch das Wiederholen eines Bildes verdichtet sich die Erzählung noch mehr, die Anschaulichkeit wird greifbar. Im Märchen von Schneeweißchen und Rosenrot ist es das Hüttchen, das besonders deutlich vor der Kinderseele entsteht:

Eine arme Witwe,
die lebte einmal in einem Hüttchen,
und vor dem Hüttchen war ein Garten,
darin standen zwei Rosenbäumchen,
davon trug das eine weiße,
das andere rote Rosen;
und sie hatte zwei Kinder,
die glichen den beiden Rosenbäumchen,
und das eine hieß Schneeweißchen,
das andere Rosenrot.

Spricht der Erzähler gemäß der obigen Gliederung, dann wird eine harmonische, im Bild zur Ruhe kommende Bewegung von Stimme und Atmung angeregt. Gelingt es dann, ein Bild aus dem anderen hervorgehen zu lassen, so erweitert sich die Atmung des Kindes immer mehr. In einem inneren Fragen und Antworten können wir so das Märchen entwickeln und der Sprache und nicht dem intellektuell verstandenen Inhalt folgen lernen. Das kräftigt die ganze kindliche Organisation.

«Die Rede geht herab, denn sie beschreibt ...», sagt Goethe in seiner Dichtung über die Wolken.[17] Das ist es, was die Kinderseele in diesen ersten Jahren in unseren Gebärden, in unserer Stimme und Atemführung und im plastischen Artikulieren sucht und braucht: Wir sollen ihr die Welt sprachlich beschreiben, sie nachschaffen, so daß es an diesem Vorgang zu dem Erlebnis kommt: Die Welt, so wie sie im klaren und deutlichen Artikulieren in innerer Bildhaftigkeit von der Seele gestaltet wird, ist, so wie sie ist, gut.

Bis zu diesem Zeitpunkt hat das Kind sprechend seine inneren Organe durchgestaltet. Besonders das Gehirn, das nach der Geburt noch eine unförmige Masse ist, strukturiert sich durch ein kräftiges Konsonantisieren in die feinen Formen und Furchen, die für die Ausbildung eines klaren und geordneten Bewußtseins notwendig sind. Wissenschaftliche Untersuchungen in Amerika haben gezeigt, daß bei Kindern, die zuwenig sprechen, das Gehirn nur unvollständig ausgebildet ist und daß sich mit der Abnahme der Sprachfähigkeit auch das Denkvermögen zurückbildet. In einem weiteren Sinne gilt das für alle lebenswichtigen Organe, besonders aber für Herz, Lunge und Gehirn: Indem das Kind spricht, plastiziert und durchatmet es seine Leiblichkeit. Die pneumatischen Räume des Hauptes, zum Beispiel die Nebenhöhlen und das Mittelohr, bleiben sogar bis in das dreißigste Lebensjahr der Atmung gegenüber bildsam.[18] Der Mensch tritt also nicht mit einer fertigen Leibeshülle seinen Erdenweg an, sondern gestaltet sprechend und atmend die Formen aus, die er als Grundlage für sein Denken, Fühlen und Wollen braucht.

Mitte der Kindheit: Die Sprache weckt die Seele

Im zweiten Jahrsiebt wird der größte Teil der leibbildenden Sprachkräfte frei. Das Kind beginnt nun die Seele zu entfalten an der Schönheit des Sprachklanges und an der Nuancierung der Stimme. Der Wind weht anders als der Bach rauscht oder die Hummel brummt, und so befreit sich die Seele im Gefühl für das schöne Sprechen: «Der Geist will aufwärts, wo er ewig bleibt», läßt Goethe das obengenannte Zitat enden. Etwas von diesem Aufwärtsstreben des Geistes beginnt in diesem Lebensalter im Kind regsam zu werden. Mit der inneren Musikalität, die nun in allem Sprechen verstärkt wahrgenommen wird, erwacht das Gefühlsleben des Kindes und reift zu einem Gleichgewicht zwischen gestaltetem Konsonantischem und klingendem Vokalischem heran. Wie unterschiedlich die Menschenseele tönt, können wir dem Kind vermitteln in Fabeln und Legenden und dem Erfühlen der Lautfarbigkeit in den Dichtungen. Es hat nun eine Empfindung dafür, ob etwas schön oder weniger schön gesprochen wird, und liebt es, lautlich die Welt zum Klingen zu bringen.

In diesem Lebensabschnitt beginnt sich auch der Blut-Atem-Prozeß zu harmonisieren. Während das Kleinkind noch bis zu zwanzigmal mehr atmet als der Erwachsene, beruhigt sich nun zwischen dem neunten und zehnten Lebensjahr der Atemrhythmus, während die Pulsschläge zunehmen. Die nun vertiefte Atmung findet einen Anschluß an das Blut-Geschehen und gestaltet am erwachenden Gefühlsleben des Kindes. Erst jetzt im Gespräch zwischen Herz und Lunge kann ein seelischer Innenraum entstehen, ein Gleichgewicht im physiologisch fundierten Mitteprozeß eines ausgewogenen Blut-Atem-Geschehens. Um das elfte Lebensjahr herum erlebt sich die Menschenseele dann in einer seltenen Harmonie. Es ist eine Zeit der Gesundung, des inneren Ausgleichs, wenn der kindliche Organismus gelernt hat, einen Atemzug mit vier Herzschlägen zu begleiten. Im späteren Lebensabschnitt findet der Mensch nur im Schlaf oder in Zeiten außerordentlicher Harmonie zu diesem Rhythmus zurück. Er individualisiert sich, je nachdem, ob die Seele mehr aus den schnellen Bewegungen des Blutes oder der gestaltenden Kraft des Atems lebt. Immer haben wir im Blut einen Ausdruck des Subjektiven und im Atemgeschehen einen Abdruck kosmischer Kräfte vor uns, die nun ein Leben lang miteinander ringen und zu einem Ausgleich gebracht werden müssen.

Vergegenwärtigen wir uns unter diesem Aspekt den Lehrplan der Waldorfschulen, so können wir bemerken, daß Rudolf Steiner die Harmonisierung der Blut-Atem-Prozesse durch die Arbeit an der Sprache entscheidend unterstützt hat.[19] Die nicht mehr unmittelbar an den einzelnen Organen arbeitenden Lautkräfte werden nun dem Kind in ersten, anfänglichen Grammatikübungen als Sprachgesetze zum Erlebnis gebracht. Die Seele beginnt so, zu sich selbst zu erwachen und reift einem inneren Gleichgewicht entgegen. Durch entsprechende Übungen vertieft und weitet sich das rhythmische System. Eine Vertiefung seines ganzen Wesens erfährt der Mensch, wenn der Atem, von kräftigen Konsonanten gestaltet, in den Willensblutstrom hinunterstößt. Werden die gleichen Konsonanten mehrfach wiederholt und durch das Ergreifen eines Balles oder Stabes in ihrer Bildung unterstützt, dann regt die so vertiefte Atmung spürbar die Aktivität des Blutes an, der Wille, der durch jede Wiederholung besonders angesprochen wird, kräftigt sich. Dieser Vorgang wird an den Waldorfschulen in der vierten Klasse am alliterierenden Stabreim geübt. Ein Beispiel aus der germanischen Stabreimdichtung, der *Edda*, soll das veranschaulichen:

Grimm war Wingthor, als er erwachte
und umsonst seinen Hammer suchte:
er schwang das Haar, er schwenkte den Bart,
jäh griff um sich, der Jörd Sprößling.

Und also war sein erstes Wort:
«Lausche, was ich Loki, dir sage,
was niemand noch vernahm auf Erden,
noch auf Himmels Höhn: mein Hammer ist gestohlen!»

Edda, Das Thrymlied

Erfährt das Kind in dieser Lebensphase zu wenig von den seinen Atem plastizierenden Kräften der Sprache, so bleibt es nicht nur formlos zurück, sondern die Brücke zwischen Nerven-Sinnes-Geschehen und Willensleben wird nur mangelhaft geschlagen. Das führt zu verfrühter Intellektualität oder gar zur Verneinung des Erdenlebens in der Pubertätsmagersucht, in der sich das Kind wieder herauslöst aus den leiblichen Zusammenhängen und sich der Gedankenorganismus ungesund verselbständigt. Von Atemreife können wir erst sprechen, wenn Atem und Blut einen rhythmischen Ausgleich zueinander gefunden haben.

Ist dieser Ausgleich geschaffen, gilt es ihn auch zu stärken und auszuweiten. Dieses geschieht in der fünften Klasse mit dem Hexametersprechen. Die Seele erweitert sich im ruhigen Silbenschreiten dieses menschlichen Urrhythmus, der nach je drei Längen eine Zäsur für die Atmung ausspart, so daß der Sprechende menschliches Maß in einer rhythmischen Harmonie zwischen oben und unten in seinem Blut-Atem-Geschehen erlebt.

Sage mir Muse, die Taten ∨ *des vielgewanderten Mannes,*

welcher so weit geirrt ∨ *nach der heiligen Troja Zerstörung,*

Vieler Menschen Städte ∨ *gesehn und Sitte gelernt hat*

und auf dem Meere so viele ∨ *unnennbare Leiden erduldet,*

seine Seele zu retten ∨ *und seiner Freunde Zurückkunft.*

Homer: Odyssee

Den griechischen Hexameter sprechend und laufend, kräftigt das Kind die Organe seiner leiblichen Mitte und lernt, seine Seele in Harmonie zu entfalten. Das ist eine wichtige Voraussetzung für die nun eintretende Erdenreife, die Pubertät, wo das Eigene sich ständig, von einer gesteigerten Frequenz angeregt, nach außen ringen will. Auf einen gesunden, physiologischen Untergrund kann sich das Kind stützen, wenn während dieser Zeit der äußeren und inneren Harmonie in rechter Weise sprachlich am Atem gearbeitet wurde, so daß nun die Seele selbst in den dramatischen Bildern der Balladen, die in der siebten Klasse geübt werden, in den Kampf zwischen oberer und unterer Menschennatur eintreten kann.

Einen großen sprachlichen Einbruch können wir mit Beginn der Pubertät beobachten. Alle Freude am plastisch-klingenden Sprachelement scheint dem heranreifenden Menschen verlorengegangen zu sein. Das übersprudelnde Mitteilungsbedürfnis des Kindes, die spielerische Freude am schöpferischen Sprachprozeß versiegt und mündet in eine regelrechte Sprachlosigkeit, in ein mehr oder minder mürrisches Schweigen, das oft kompensiert wird durch einen oberflächlichen, von anderen übernommenen Sprachjargon. So unbeholfen und ungelenk der Jugendliche dem einst graziösen Kinderleib entwächst, so verunsichert zeigt sich seine Seele. Wir können sagen, daß bis etwa zum 14. Lebensjahr die Sprache am Kinde und seiner Atmung gearbeitet und es geformt und aufgebaut hat. Bis zu diesem Augenblick war der Mensch eingebettet in die kosmisch-mütterlichen Kräfte eines allgemein geistig wirksamen Sprachprozesses. Diesen gilt es nun zu individualisieren, so daß er wirklich Ausdruck des *eigenen* Seelenwesens werden kann.

Ablehnung des bisher Gewohnten und Erfahrenen begleitet diesen Vorgang. Alles, was zuvor kritiklos übernommen wurde, scheint nun ungültig geworden zu sein. Hohl und phrasenhaft klingen dem heranwachsenden Jugendlichen die Worte der Erwachsenen, denn er hat noch nicht zu seiner eigenen, seiner Seele gemäßen Sprache gefunden. Der Sprachphilosoph Johann Georg Hamann nennt die Sprache «das Kleid der Seele»,[20] und an diesem gilt es nun zu weben. Dafür muß alles bisher Übernommene erst einmal abgestoßen und schrittweise überwunden werden. Machen wir uns klar, wie stark wir gerade von der Sprache unserer Umgebung vorgeprägt sind, bis in die Handhabung unserer Sprachwerkzeuge, stimmliche Nuancen und Atemgewohnheiten hinein, so können wir erleben, welche große Verantwortung der Erzieher in den ersten zwei Jahrsiebten dem Kind gegenüber hatte und wie stark dieses jetzt bis in die Leiblichkeit hinein arbeiten muß, um sich die Sprache ganz neu als selbständiges Wesen zu eigen zu machen. Die männliche Seele muß sogar zu einer neuen Stimme finden, da sie tiefer in die Leiblichkeit hineintaucht als die weibliche Seele, die sich gewissermaßen ein Stück Kindlichkeit, einen Teil Himmel bewahren darf.

Das dritte Jahrsiebt: Die Sprache klärt die Gedanken

Der nun beginnende Abstoßprozeß der «sprachlichen Erbmasse», die alle vom Elternhaus und der Umgebung übernommenen Sprachgewohnheiten umfaßt, kann sich durch das ganze Leben hindurchziehen und wird oft nur teilweise bewältigt. Je mehr das Kind bis zu seinem 14. Lebensjahr die objektiven, der Sprache innewohnenden, plastischen und musikalischen Gesetze erfahren durfte, desto freier kann es nun nach und nach zu seiner eigenen Sprache, Stimme und zu dem ihm gemäßen Atemrhyth mus finden. Je stärker seine Umwelt geprägt ist von sprachlichen Verzerrungen und womöglich bis in die Leiblichkeit hinein verfestigten Spracheinseitigkeiten, desto schwerer wird es ihm, zu innerer Freiheit heranzureifen. In diesem Alter wird der Erwachsene als unwahr und phrasenhaft abgelehnt, wenn er seine innere Entwicklung aufgegeben und sich in einer seelischen, in seiner Sprache hörbaren Maske verfestigt hat. Nun erst bekommt das Inhaltliche der Sprache seine wirkliche Aufgabe und kann als großer, menschheitlicher Kulturfaktor dem Jugendlichen die Weisheit und Wahrhaftigkeit des menschlichen Strebens tröstend vermitteln. An den Vorbildern anderer Biographien bilden sich die eigenen Ideale heran, Wissen wird aufgenommen, durchdiskutiert, abgelehnt oder ergriffen, die Seele vergleicht und mißt sich am Gegenüber und findet so immer mehr zur eigenen Prägung.

So wie das kleine Kind eine klare und deutlich gestaltete Lautlichkeit braucht, so fordert der junge Mensch nun von seiner Umwelt eine eindeutige und innerlich wahrhaftige Einstellung zum Leben. Ungeheuer empfindsam reagiert er auf alles Konventionelle, Starre in unserer Sprache und spürt, ob es uns ernst ist oder nicht mit dem, was wir sagen. Eine klare, aber entwicklungsbereite Haltung ist ihm in diesem Lebensabschnitt die größte Hilfe, und je mehr es uns gelingt, unser menschliches Anliegen sprachlich adäquat zu äußern, je stärker wir es schaffen, unsere Seele und unser Wort zusammenklingen zu lassen, desto besser kann der Jugendliche den an ihm nagenden Widerspruch von Ich und Welt bewältigen. Denn daran krankt er ja, das läßt ihm die Welt als Lüge erscheinen, daß Inneres und Äußeres, Geistig-Seelisches und Leibliches nicht mehr zusammenstimmen.

Die an der Sprache herangereiften Gedankenkräfte sind

die Brücke über den Abgrund, der sich in der Pubertät vor der Seele auftut. Sie führen den Menschen durch das dritte Jahrsiebt zum 21. Lebensjahr und wecken in ihm die für das Erwachsenenleben notwendigen Erkenntnisvorgänge. Nun kann das Ich selbst entscheiden, wie es sich weiterentwickeln will oder ob es mit dem bisher Erreichten zufrieden ist. Der Mensch kann nun selbständig auf einer neuen Stufe, vom Ich geführt, den einstmals instinktiven Erwerb seiner Ich-Organisation ergreifen und zu einer Durchseelung seiner Leiblichkeit finden, indem er an einer immer stärkeren Beseelung seiner Sprache arbeitet.

«Was du gelernt von deinen Vätern hast, erwirb es, um es zu besitzen.» Dieser Goethe-Satz kennzeichnet alles sprachliche Üben im Erwachsenenalter. Stereotype Sprach- und Gebärdengewohnheiten verfestigen sowohl unsere Leibesfunktionen als auch unsere Gedankenbildung. Immer wieder gilt es, für die eigene Sprache aufzuwachen und von ihr ausgehend den Leib und den Geist zu ergreifen und zu erneuern. Wir sind ja erst auf dem Weg zum wirklichen Menschsein und können alle Anregungen zu einer nie endenden, inneren Entwicklung der Sprache entnehmen. So wie das Kind vom guten zum schönen und schließlich wahren Sprechen findet, können wir nun, vom Ich angeleitet, unsere Seele erweitern und vertiefen, indem wir achtgeben auf unsere Artikulation und empfindsam werden für Rhythmus und Dynamik der Sprache. Bis in den Leib hinein können wir dann erleben, wie Mimik, Gebärden und Schritt sich mitverwandeln, wenn wir auch im Erwachsenenalter an der Sprache weiterüben und sie zu einem unserer Seele gemäßen Gefäß heranbilden. Beispiele und Anregungen, wie in diesem Lebensabschnitt an der Sprache gearbeitet werden kann, sind im zweiten und dritten Teil des Buches enthalten.

Immer stärker wird so der Mensch seinen Leib klingend durchwärmen, bis er sein Wesen so tief hinuntergeatmet hat, daß die Erdensubstanz aufgebraucht ist und die Seele in die geistige Welt zurückkehren kann. So wie wir mit der ersten Ausatmung unseren Leib ergriffen haben, so ist jeder folgende, sich im Laufe des Lebens immer mehr vertiefende Atemzug schon ein zarter, die leibliche Substanz abbauender Vergeistigungsprozeß: von der Erde her gesehen ein Sterben, vom Kosmos her verstanden ein Werden. In der Todesstunde bricht die Stimme, eine letzte Einatmung streckt den Leib: Die Seele hat ein Erdenleben lang durch diesen hindurchgeklungen, bis sie wieder zum Kosmos zurückkehrt. Die letzte Ausatmung findet nicht mehr im Leibe statt, sondern ist wie die erste Einatmung ein geistiger Vorgang.

Beschenkt vom göttlichen Atem treten wir unseren Lebensweg an und finden während unseres Erdendaseins im Wort das Element für den Ausdruck unserer denkenden, fühlenden und wollenden Seele, die im rhythmischen Atemprozeß lebt und sich dort sprechend offenbart. So führt uns die Sprache auf den Wellen des Atemgeschehens in den Leib hinein und durch diesen hindurch wieder der geistigen Welt zu. Am Tor der Geburt steht das Geschenk des göttlichen Atems, und in der Todesstunde empfängt die geistige Welt die Früchte unserer Erdentätigkeit. Das Wort aber begleitet uns durch unseren Lebenslauf und führt uns durch die Stufen einer menschengemäßen Entwicklung.

3
Sprachverfall – Verlust der Mitte

> Ein Zeichen sind wir, deutungslos,
> schmerzlos sind wir, und haben fast
> die Sprache in der Fremde verloren.
>
> *Hölderlin*

Ist die menschliche Entwicklung gestört oder wird sie ver-
hindert, so ist dies in der Sprache hörbar. Schlechte
Sprech- und Atemgewohnheiten dokumentieren die Problematik der Gegenwart, zudem wirken sie kränkend auf
Leib, Seele und Geist des Menschen zurück. Um zu verdeutlichen, wie exakt die Sprache die Nöte der Zeit wider-
spiegelt, sollen an dieser Stelle einige Phänomene der heutigen Zivilisation angesprochen werden.

Unser Jahrhundert ist mittefeindlich. Die Zahl der Menschen, die aus einer inneren Einseitigkeit heraus ihr Leben
gestalten, nimmt zu. So häufen sich Willenslähmungen,
die es dem Menschen unmöglich machen, seine Aufgaben
zu erfüllen, weil er bis in den Leib hinein der Schwere verfallen ist. Andere Menschen dagegen eilen in übertriebener
Geschäftigkeit durchs Leben, ohne zur Ruhe kommen zu
können. Ist es den ersten nicht möglich, die Schwere durch
Bewegung zu überwinden, so können die anderen den über-
mäßigen Drang nach Tätigkeit nicht unterbrechen. In
beiden Fällen fehlt der Seele eine ausgleichende Kraft, die
zwischen den Extremen zu vermitteln vermag. Mangelnde
Gestaltungskraft und Verhärtungen sind bereits im Kin-
desalter zu beobachten, wo sie sich in fehlender Phantasie,
abnehmender Nachahmungskraft und daraus resultieren-

der Lethargie einerseits und in Zappeligkeit, Hypermotorik und Nervosität andererseits ausdrücken.

Ebenso fehlt der gegenwärtigen Zivilisation die vermittelnde Kraft zwischen Denken und Wollen. Wie zögernd wird zum Beispiel der Umweltschutz nach wie vor gehandhabt, trotz aller Erkenntnisse über die Notlage, in welcher sich die Naturreiche befinden. Der Mensch ist zudem fähig, öffentlich für eine These einzutreten (man denke an die Überlegungen für eine zwangsweise Organ-Entnahme bei alten und kranken Menschen), dessen Verwirklichung er nicht am eigenen Leibe spüren möchte.

Den so verselbständigten Denkprozessen gegenüber stehen die unkontrollierten Willensbetätigungen. Sie führen zu Handlungen, die sowohl Opfer wie Täter schädigen, weil sie nicht bedacht, nicht mitgefühlt wurden. Deutlich fehlen die ausgleichenden Kräfte, die Voraussetzung sind für ein ausgewogenes, verantwortungsbewußtes Menschsein. Verhärtung im Denken und Auflösung im Willen sind die Grundgebärden einer Zivilisation, die ihr Gleichgewicht verloren hat.

Schauen wir genauer hin, so können wir in jeder einseitigen Lebenshaltung auch die Merkmale des anderen Extremes erkennen. Da ist der dem Geschwindigkeitsrausch verfallene Fahrer, der sich mit Leib und Seele mit der Mechanik seiner Maschine verbunden hat, oder der im Siegestaumel eines Videokampfspieles hingerissene Jugendliche, der die Hände fest in die Tastatur des Gerätes gekrallt hält. Ihnen gegenüber steht der Drogensüchtige, der seine Träume bezahlt mit den Zwangsvorstellungen und Ängsten, die jede Sucht begleiten.

Das zwanzigste Jahrhundert ist Schauplatz für das Ringen um die menschliche Mitte geworden, und wir können beobachten, wie die Widersacher Hand in Hand arbeiten, um den Menschen in immer größere Einseitigkeiten hineinzureißen. Es ist deshalb verständlich, daß das heutige Leben geprägt ist von Ängsten und von dem Versuch, diesen Ängsten zu entfliehen oder sie zu betäuben. Vergeblich sucht der Mensch nach einem inneren Zentrum, in dem er sich abstützen und halten kann.

Unsere Zivilisation zeigt sich all den Kräften gegenüber feindlich, die den Menschen zu Sammlung und Konzentration führen sollen. Gehen wir durch eine von Werbung, Lärm, Gerüchen und Unruhe überflutete Innenstadt, so können wir die Angriffe auf unsere Sinne nicht übersehen. Da eine der hervorragendsten menschlichen Eigenschaften das Mitbewegen und Nachschaffen aller äußeren Welteinflüsse ist, kann man leicht nachempfinden, wie sich unser gegenwärtiges Menschsein erschöpft an einer dauernden Reizüberflutung.

Aus dieser Problematik unserer Zeit ergibt sich eine verstärkte Aufforderung an die menschliche Seele, einen inneren Ausgleich herzustellen. Dieser ist nur durch eine Steigerung der Ich-Aktivität möglich, denn alle äußere Hektik vergrößert die innere Starre und Trägheit, und in der entstehenden Leere fassen Krankheiten Fuß, die den Stempel unserer Zeit tragen. Weil wir zu wenig in uns selber ruhen und nicht in einem lebendig-vermittelnden Rhythmus zu leben vermögen, sind wir gänzlich ungeschützt den kränkenden Einflüssen ausgeliefert. Alle Erkrankungen des Immunsystems, unter anderem auch die Krebserkrankungen sowie die zunehmenden Allergien können als Leiden einer Menschheit angesehen werden, die ihrer selbst verlustig gegangen ist. Sie sind nicht nur als Einzelschicksal zu bewerten, sondern müssen im Hinblick auf die heutigen Zivilisationsphänomene gesamtmenschheitlich betrachtet werden.

Hieß es im Altertum noch: In einem gesunden Leib wohnt eine gesunde Seele, so müssen wir diesen Satz heute umgekehrt nehmen: Eine Gesundung der Seele ist Voraussetzung dafür, unseren Leib wie auch den Erdenleib von allen schädigenden Einflüssen zu befreien und neu zu beleben.

Das entmenschlichte Wort

Alle Probleme unserer Zeit spiegeln sich wider im Sprachverfall, der im Grunde genommen ein Verfall unseres Sprechens ist. Schon wächst etwa jedes vierte Kind im Schulalter mit Sprechstörungen belastet heran, wobei bereits Fehlentwicklungen von Zähnen, Lippen, Kiefern und Gaumen bis in die Leiblichkeit hinein ein gesundes Sprechenlernen erschweren und die Ich-erweckende Kraft der sprachbildenden Prozesse verhindern. Im Bewußtsein der Menschen lebt das Wort fast ausschließlich seinem Gedankeninhalt nach und wird immer häufiger durch Zeichen ersetzt oder von Computern übernommen. Das entmenschlichte, das heißt, das nicht vom Atem beseelte und vom Blut durchwärmte Wort führt aber immer zu einer Entgeistigung der Sprache, und so liefern uns die Medien Steine statt Brot, ohne daß wir es bemerken. Wie tief der Fall vom Weltenlogos zu Chiffre und Worthülse ist, können wir uns verdeutlichen, wenn wir aufmerksam werden für das Anliegen derer, welche sich für ein künstlich erzeugtes Sprechen einsetzen. Da hofft eine Computerfirma, daß bis zum Jahrtausendende «jedes Kinderzimmer seinen Medienaltar» hat. So empfängt das Kind, statt sich an den aufbauenden menschlichen Sprachkräften zu ent-

wickeln, die konservierte Worthülse. Es hört nicht mehr
das nur im Gegenwärtigen lebende und auf eine gegenwärtige Situation bezogene Menschenwort, sondern lebt
in den mechanisch wiedergegebenen Phrasen der Werbe-
slogans oder der Filmsprache, die zu ihm selber keinerlei
Bezug haben. Kehlkopf, Atmung und Pulsfrequenz stellen
sich ein auf ein lebloses Sprechen, die Seele verödet und
verstummt, denn alles durch die Medien Gehörte verlangt
keine Antwort. Über das Ohr leiblich und seelisch geschä-
digt verliert das Kind so den lebendigen Bezug zur Sprache, und die Fähigkeit, sich sprachlich zu artikulieren, wie
auch der Wortschatz nehmen ab.

Eine statistische Erhebung in Deutschland ergab, daß
Kinder bis zum 12. Lebensjahr etwa drei Stunden täglich
vor dem Fernsehgerät sitzen, hinzuzurechnen wären die
Zeiten, die mit Walkman, Märchenkassetten, Rundfunk,
Computer- und Videospielen verbracht werden. Wir müssen uns bewußt machen, daß in diesen Zeiten das Kind
weder selber spricht noch ein menschliches Sprachvorbild
erlebt. Die zunehmende Gleichsetzung von Mensch und
Maschine offenbart sich in scheinbar nebensächlichen
Sprachgewohnheiten des Alltags: «*Ich* stehe dort drüben»,
hören wir einen Menschen sagen, der *neben uns* steht und
auf seinen weiter entfernt geparkten Wagen deutet. Die
unterschiedlichen Ansagen auf den Anrufbeantwortern
(«Sie sprechen mit … ich bin leider nicht zu Hause» …)
zeigen, daß kein großer Unterschied gemacht wird zwischen dem sprechenden Menschen oder dem die Menschensprache konservierenden Apparat.

So kann es geschehen, daß in Japan Roboter hergestellt
werden, welche die Totenmesse – mit acht Programmen
gespeichert – auf den Friedhöfen zelebrieren. So wenig
aber eine Maschine eine Verbindung zur geistigen Welt

herzustellen vermag, so wenig ist sie fähig, einen lebendigen Sprachprozeß nachzubilden. Dazu bedarf es des sich selbst bewußten Menschen-Ichs.

Eine Sprache, die nicht vom menschlichen Atem bewegt, nicht von einer Menschenstimme durchwärmt wird, kann nur erstarrend und entseelend auf die Menschen zurückwirken. Ein Schriftsteller der Gegenwart schildert den Verlust einer menschengemäßen Sprache mit folgenden zeittypischen Worten:

> *Meine Sprache*
>
> *Ich spreche im Slang aller Tage derer*
> *Noch nicht Abend ist*
> *In der verachteten und verbissenen der Sprache*
> *Die jedermann entspricht.*
>
> *Diese*
> *Von Erstellern entstellte die von Betreuern*
> *Veruntreute von Durchführern früh schon*
> *Verführte die*
> *Mehr zur Lüge taugt denn zur Wahrheit*
> *Ach welche*
> *Unter der erstarrten Syntax sich regt*
> *Wie unter Abfall wie unter Schutt wie*
> *Unter Tonnen von Schlacke.*
>
> *Sprache*
> *Die mehr scheinen will als sein*
> *Aufgebläht*
> *Von sang- und klanglosen tingelnden*
> *Dinglosen Dingwörtern;*
> *Schwabbelnde Gallerte*
> *Quillt sie aus den öffentlichen Mündern*
> *Und Mündungen tropft von*

Den Lippen der Liebenden
Trieft aus Radios
Triumphiert.

Nichtsagend und blutleer und kraftlos
Ein Kind des Landes finde ich sie
Darniederliegend.

Und hebe sie auf
Und nehme sie an mich: Die beste mir
Der nichts Besseres hat
Und ein Vermögen, dem der durch nichts sonst
Zu leben vermag
Als durch sie.

Günter Kunert

Selbst wenn sich der Mensch unserer Tage mit der Sprachkunst, mit der Dichtung beschäftigt, können wir beobachten, wie weit wir uns vom Wesen Sprache entfernt haben. Nur noch selten wird ein Unterschied gemacht zwischen dem gesprochenen und dem zum Beispiel lesend seinem Begriff nach aufgenommenen Wort. Das Sprechen aber gibt dem Wort erst sein Leben, ja man kann sagen, daß ein wirklich vom Ich impulsierter Sprachvorgang selbst ein abgenutztes, hülsenhaft gewordenes Wortgebilde wieder zu beleben vermag, indem der Sprechende ihm den Atem, das heißt Seele und Geist einhaucht. Nur dann wird ein Wort zur Phrase, wenn kein Ich sich mit ihm mitdenkend, mitfühlend und mitwollend verbindet und das Wortwesen höchstens in seiner Begrifflichkeit erfaßt wird. Der vielzitierte «Tod der Sprache» hängt nur damit zusammen, daß der Mensch sich nicht in rechter Weise mit seinen Worten und deren Wahrheitsgehalt zu verbinden vermag.

Wollen wir uns wirklich mit der Sprache anderer Kulturepochen, mit der Wortgewalt der Dichter vertraut machen, so müssen wir sie sprechend und hörend zum Leben erwecken. Dieses ist heute aber immer seltener der Fall: Hunderte von Germanistikstudenten verlassen jährlich nach langem Studium die Hochschule, ohne auch nur eine Zeile einer Dichtung gesprochen oder gehört zu haben. Es wird ausschließlich *über* die Sprachkunst *nachgedacht*. So kann es dazu kommen, daß bei sechs von zehn zukünftigen Deutschlehrern und Deutschlehrerinnen, deren vorrangige Aufgabe es sein sollte, dem Kind das Wesen des Wortes nahezubringen, krankhafte Stimm- und Sprechstörungen festgestellt wurden. Dabei berücksichtigte eine entsprechende Untersuchung von Lehramtsstudenten an der Universität Essen nur die Sprechstörungen, die nach der Reichsversicherungsordnung als Krankheit anerkannt sind. Feinere sprachliche Verschiebungen sowie schlechte Atemgewohnheiten wurden nicht erfaßt.

Rhythmen, Reime, lautliche Klangfarben und Plastizität können erst im Sprechen ihre klingende Wesensgestalt entfalten; gerade das sind aber die Elemente, mit denen der Dichter arbeitet und die aus den an sich prosaischen Worten die Poesie entstehen lassen. Es ist also nicht verwunderlich, daß einerseits die alten Dichtungen nicht mehr aufgenommen werden können und andererseits die neueren Dichtungen immer häufiger aus auf Zeilen verteilten Gedanken bestehen, die an ein prosaisches Sprachgefüge gebunden bleiben. Nicht umsonst hatte das Dichterpferd Pegasus ein Flügelpaar, das die Seele weit über sich hinausgehoben hat. Wir dagegen geben uns mit einem Ackergaul zufrieden, dessen träger Tritt uns immer tiefer an die Materie bindet. Jedes im

Atem bewegte und beseelte Wort könnte uns Flügel verleihen und uns wieder unserer menschlichen Bestimmung zuführen.

Auch eine Dichtung der Gegenwart kann aus einem Laut- und Rhythmusempfinden heraus gestaltet werden. Stellen wir den mehr der Prosa entsprechenden Worten von Günter Kunert ein anderes Gedicht gegenüber, das sich ebenfalls mit der Sprache beschäftigt:

> *Dichterstimmung*
>
> *Silbenklang,*
> *wie ferner Glocken Schwingen ...*
>
> *Sehnsucht,*
> *in ihr tönend Reich zu fassen,*
> *Hände voller Schimmer*
> *heimzubringen,*
> *ihn als Flügelstaub*
> *dem Wort belassen ...*
>
> *Lauschen,*
> *wie es aus sich selber tönt,*
> *wie es mählich*
> *im Zusammenklingen*
> *sich dem Tanz der Silben*
> *eingewöhnt –*
>
> *wie es anhebt,*
> *im Gedicht zu singen ...*
>
> Erika Beltle

Hingabe an die Sprache statt bloße Darstellung der eigenen Gedanken und Gefühle befähigen den Menschen, in die Welt der Poesie einzutauchen.

Heute erschöpft sich das Sprechen meist in einem mehr oder weniger wirkungslosen lauten Denken, das selbst auf der Bühne oft nicht über das Prosaische des Alltäglichen hinausführt. Statt uns zur Kunst zu *erheben,* was beim Sprechen bereits physiologisch durch die uns aufrichtende Einatmungskraft gegeben ist, reißen wir die Sprachkunst aus ihren geistigen Zusammenhängen heraus und erniedrigen sie. Wie wohltuend ist es, wenn Menschen, zum Beispiel bei einer Schülerrezitation, innerlich ausholend aus der Sphäre des Wortes zu sprechen beginnen, sich selbst auf neuer Ebene findend, anstatt nur den Mund zu öffnen und die Worte unbewegt und unartikuliert der Luft preiszugeben.

Das Sprechen zwischen Verhärtung und Auflösung

Betrachten wir nun, wie sich die oben beschriebenen Zeitphänomene im heute wahrnehmbaren Sprechverfall in den Elementen Stimme, Lautbildung und Atmung ausdrücken. Es ist auffällig, wie sich gerade die Stimme, die ja im engen Zusammenhang mit unserem bewegten und durchwärmten Blut steht, in der Gegenwart verstärkt durch eine starre Klangfärbung auszeichnet. Die Gestaltungskraft dagegen, die jeder Lautbildung zugrunde liegt, löst sich immer mehr auf, wirkt verwaschen und undeutlich. Wir haben also alle Anzeichen einer Verhärtung im an sich lebendigen Sprachpol, der Stimme, und zunehmend formlose Tendenzen im sprachlichen Gestaltungspol, der Artikulation. Indem die Gegenkräfte eine ungute Verbindung miteinander eingehen, werden die positiven Sprachprozesse in ihr Gegenteil verdreht. Dies wird deut-

lich, wenn wir die Auffälligkeiten der heutigen Sprachgewohnheiten genauer betrachten.

In einer gesunden Stimme lebt immer die Vielfalt der
seelischen Empfindungen sowie die Gesten unserer Willensintentionen. Welche Skala der Modulationen ist möglich, um ein Wort zornig, zärtlich, ungeduldig, beru-
higend, schroff oder fragend zu färben! Die ganze Palette
der Seeleneigenschaften kann hier ihren Ausdruck finden.
Der heutige Mensch jedoch vermeidet es, sich stimmlich
zu offenbaren. Selbst wenn die Stimme nicht durch einen
nasalen, krächzenden, gequetschten oder schrillen Klang
ihre zu starke Leibgebundenheit ausdrückt, so ist sie doch
immer öfters befangen in einer fast gleichgültig anmuten-
den Monotonie, in welcher der Mensch sich merkwürdig
unbeteiligt und seelenlos darstellt. Die Vokale, denen es
zudem an lautlicher Gestaltungskraft mangelt, haben
einen uniformen Gleichklang, der das Element der ursprünglichen, tief aus den menschlichen Lebensprozessen
aufsteigenden Interjektionen verloren hat.

So klingt jedes Wort dem anderen ähnlich und vermittelt nur durch ein zeichenhaftes Lautieren den unterschiedlichen Inhalt. Weder taucht der Mensch noch tief
genug in die Fülle seiner seelischen Empfindungen ein,
noch gibt er den unterschiedlichen Willensgebärden, die
jedem Wort zugrunde liegen, Ausdruck. So ist es immer
häufiger nur noch inhaltlich, aber nicht mehr als stimmliche Modulation hörbar, ob der Mensch eine Frage, einen
Befehl oder eine Verneinung ausdrückt. Ob wir Himmel
oder Hölle sagen, von Erhabenem oder Gewöhnlichem
sprechen, die stimmlichen Nuancen bleiben undifferen-
ziert und ausdruckslos, leben nicht mehr als Seelenmelodie und Seelengeste im menschlichen Wort.

Schauen wir auf die für unsere Zeit typischen Leibesgebärden, ja auf die ganze Körperhaltung, so können wir beobachten, wie starr, wie abgeschlossen und verfestigt auch diese gehandhabt werden. Ineinander verschränkte Arme und Beine bauen Barrieren auf, die gleichzeitig auch die Atmung abschnüren. Kaum ein Mensch erträgt es heute noch, sich ungeschützt der Welt zu offenbaren, er muß sich abgrenzen, sich künstlich festhalten oder verstecken, indem er die Hände, die ja ein besonders empfindsames Instrument unserer seelischen Gesten sind, in den Taschen versenkt. Sowohl Stimme wie Körperhaltung verraten ein in Ängsten erstarrtes Seelenleben, das Abwehr und Verteidigungshaltung demonstriert. Ein immer forscheres, aggressiveres Auftreten kann nicht darüber hinwegtäuschen, welche leblose innerliche Starre den Menschen befallen hat, da er seinen wirklichen Seelenempfindungen keinen Ausdruck zu verleihen vermag. Brechen sich die Empfindungen dann doch einmal Bahn, so geschieht das häufig im Geschrei der Emotionen. Die in einer gesunden Stimme lebenden *Zwischentöne*, die unsere Menschlichkeit sprachlich offenbaren, bilden keine Mitte mehr zwischen seelischem Verstummen und Schrei. Der Mensch schafft sich einen künstlichen Halt, indem er eine verhärtete Schutzzone um sich aufbaut, hinter welcher die Seele wie in einem Kerker eingezwängt gefangengehalten wird.

Das Element der Sprache, das dem sich stimmlich offenbarenden Menschen Halt und Stütze geben könnte und Voraussetzung zur Bildung eines leiblich-seelischen Gleichgewichtes ist, haben wir in der Lautbildung, besonders in den Konsonanten. Geist-gemäße Gestaltungskräfte durchziehen unser Menschsein, wenn wir plastisch differenziert jeden Laut artikulieren, so daß er unsere Seele, die sich stimmlich ausdrücken will, gestaltet und stützt.

Wir erleben nur wenig von den sprachlichen Formkräften, den verschiedenen Lautgruppen und den Lautbildungszonen. Die Tätigkeit von Zunge und Lippen geschieht mehr oder weniger automatisch, und die vielfältigen Bewegungsabläufe zeigen sich verflacht, greifen nicht wirklich ein in Stimm- und Atemstrom. Kaum eine Lautbildung wird wirklich zu Ende geführt, bei minimaler Betätigung der Zungen- und Lippenmuskulatur entsteht eine verwässerte, oberflächliche Artikulation, die Laute und ganze Silben überspringt und auch hier vornehmlich das Ziel hat, Inhaltliches möglichst schnell zu äußern. Es ist die Frage, wieweit wir einen wirklichen Gedanken nicht nur seiner Begrifflichkeit nach auszusprechen vermögen, wenn wir immer weniger in der Lage sind, seine geistige Gebärde bis in den Laut hinein plastisch nachzuschaffen. Der Mensch des zwanzigsten Jahrhunderts hat kein Gefühl mehr für die Geistigkeit der Sprache, weil er sich selbst immer weiter aus den Sprachprozessen zurückgezogen hat und die Sprache seelenlos und entgeistigt, das heißt unmusikalisch und formlos handhabt.

Das Urbild aller vermittelnden Kräfte lebt im Atemsystem. Einen Ausdruck, wie sehr sich der Mensch von diesem entfernt hat, haben wir in der extremen Atemlosigkeit unserer Zeit. Man kann den Begriff der Atemlosigkeit gleichsetzen mit einem Verlust der Mitte. Daß wir in zunehmendem Maße außer Atem sind, hängt damit zusammen, daß der Mensch, von einem innerlichen Getriebensein gejagt, sich nicht mehr in rechter Weise mit seinen Erdentaten zu verbinden vermag, er läuft sich gewissermaßen selber davon, von der Schnelligkeit und Vielfalt der Ereignisse überrollt. Ein wirkliches Eintauchen, das einen Zusammenhang zwischen Ich und Weltgeschehen ermöglichen würde, ist selten geworden.

Sowenig wir noch fähig sind, unsere Sprachprozesse zu führen und zu beseelen, so lassen wir uns in ein Leben hineindrängen, an dem wir selber keinen Anteil haben. Auf diese Weise entfernen wir uns immer mehr von uns und vergessen, auf der vergeblichen Suche nach uns selbst, daß der «geheime Weg nach innen führt» (Novalis).

Die gewaltige Informationsflut, die Fülle der Reize und Ablenkungen kann von dem Menschen weder auf-genommen noch veratmet, das heißt verarbeitet werden. Das spiegelt sich im immer flacher werdenden Atem-prozeß. Auch hier kann man wie bei der Beobachtung von Stimme und Lautbildung sagen, daß es der an sich plastischen Einatmung zunehmend an einer gestaltenden Kraft mangelt, während sich der Mensch zu wenig in der ihrem Wesen nach musikalischen Ausatmung zu lösen vermag. Der Atemprozeß, der den Menschen in seiner geistigen und leiblichen Dimension umfaßt, vollzieht sich nur noch auf kleinstem Raum, und statt uns zu be-leben, gibt uns die Atmung nur das Erlebnis der Enge und des Bedrängtseins.

Der geschwächte Kranke ist nicht mehr fähig, seine Sprache zu gestalten: Seine Stimme versagt ihm, seine Lautbildungskraft zieht sich zurück, weil seine Seele den gesunden Zusammenhang mit dem Leib verloren hat und nicht mehr vollständig in diesen einzugreifen ver-mag. Die heute übliche Verflachung der Sprach- und Atemprozesse können wir als Zeichen einer kranken Zivilisation nehmen. Jeder Laut, den wir gewohnheits-mäßig auf unharmonische Weise bilden, wirkt aber wie-derum schädigend auf Leib und Seele zurück, da er dem Organismus eine leiblich gewordene Einseitigkeit ein-prägt. Eine oberflächliche Lautbildung führt zu immer stärkerer Gestalt- und Formlosigkeit des ganzen Menschenwesens. Alles unrhythmische Sprechen wirkt schwächend auf unser mittleres System zurück, denn Rhythmus lebt in unserem Blut- und Atemgeschehen und wird von diesem aufgenommen und nachgeahmt. Jedes Wort, das wir sprechen, ohne es in unserer Seele zum Bilde zu erwecken, lagert sich wie unverdaubarer Ballast in unserem Organismus ab und belastet diesen.

Inwieweit der Mensch während des Tages seine Seele mit seinen Worten verbunden hat, inwieweit er wirklich in einer Identität mit sich selbst und seiner Sprache gelebt hat, das trägt er hinein in die geistigen Weltzusammenhänge, wenn er schläft.

Denn die Sprache ist nicht nur ein Verständigungsmittel von Mensch zu Mensch, sondern sie bildet auch eine Brücke zwischen dem Menschen und seinem Engel. So wie wir uns sprachlich am Tage vor unseren Mitmenschen offenbaren, so nimmt die geistige Welt des Nachts den Menschen wahr durch die in die Seele hineingewobenen Klänge und Gestaltungen seiner Sprache. Nur ein künstlerisch bewegtes, spirituell erfülltes Sprechen kann die Seele in rechter Weise beflügeln, um sich aus der Gebundenheit an die Materie herauszulösen. Die rein äußerlich gehandhabte Sprache der gegenwärtigen Zivilisation und das Erlebnis des sprachlichen Phantoms durch die Medien fesselt die Seele vom Einschlafen bis zum Aufwachen an die physische Welt, so daß keine Verständigung mit den geistigen Wesenheiten möglich wird. «Unter furchtbarem Mangel kommt die Seele dann beim Aufwachen in den physischen Leib zurück.»[21] Zunehmende Erschöpfung, gesteigerte Unzufriedenheit und Seelenverödung sind die Folge, wenn der Mensch keine geistige Ernährung durch seine Sprache erfährt.

Auch im unvollkommenen Sprachprozeß ist ein Ich tätig, das geweckt werden kann und uns in die zentralen Kräfte unseres Menschseins zu führen vermag. Daß wir gehen, sprechen und denken können, sind Anlagen, die dem Menschen als Voraussetzung zur Höherentwicklung mitgegeben worden sind. Ein Schleppen des Leibes, eine Verflachung der Sprache und immer abstrakter und automatischer ablaufende Denkvorgänge verdrehen diese menschlichen Begabungen in ein verhängnisvolles, die Entwicklung hemmendes Gegenteil und verdeutlichen, wie diese Kräfte nur überleben können, wenn sie immer stärker vom Ich durchdrungen werden. Eines Tages sollte der Mensch mit vollem Recht sagen können: *Ich* gehe, *ich* spreche, und *ich* denke, wobei dieses Ich in seiner höchsten Bedeutung verstanden sein will. Die Sprache in ihrer mittleren und vermittelnden Funktion, die in besonderer Weise das Denken und Wollen gleichermaßen umfaßt und wiederum positiv auf beide zurückwirkt, kann uns anleiten, diesen Weg zu einem neuen Menschsein zu gehen.

Die heutige Zeit ist erfüllt von einem erwachenden Bewußtsein für die Schädigungen der Umwelt, die aussterbenden Pflanzenarten, die bedrohte Tierwelt. Aufgerufen sind wir aber vor allem, etwas für die Rettung unserer Seele zu tun, einen Feldzug zu führen für die Menschwerdung des Menschen, denn das ist die Voraussetzung für eine heilende Erneuerung der ganzen Schöpfung.

Teil II
Der dreifache Sprachimpuls

4

Das heilkräftige Wort –
Ansätze der Sprachtherapie

Das Leben wird zur Liebesstunde,
die ganze Welt sprüht Lieb' und Lust.
Ein heilend Kraut wächst jeder Wunde,
und frei und voll klopft jede Brust.
Für alle seine tausend Gaben
bleib' ich sein demutvolles Kind,
gewiß ihn unter uns zu haben,
wenn zwei auch nur versammelt sind.

Novalis

In den vorangegangenen Kapiteln wurde der Zusammenhang zwischen dem Menschen und seiner Sprache geschildert. Es wurde gezeigt, wie das Sprechen unser Wesen
offenbart, unsere Entwicklung begleitet und das Zeiten-
schicksal dokumentiert. Wir können die Frage «Wie
spricht der Mensch?» aber auch erweitern und versuchen
nachzuvollziehen, was sich *in der Sprache* aussprechen
will. Was lebt in ihrem Wesen, das sie so umfassend mit
unserem Menschsein verknüpft sein läßt?

Der Impuls der Sprache ist ein dreifacher: Sie kann
durch ihren Bezug zur Menschwerdung, der im zweiten
Kapitel beschrieben wurde, heilend wirken. Sie kann aus
sich selber heraus, das Alltagswort verwandelnd, als Kunst
erscheinen und vermag zudem den Menschen in eine Erweiterung seines Bewußtseins zu führen. Heilende,
künstlerische und spirituelle Gesetzmäßigkeiten leben im
Wesen des Wortes, die auch im ungeschulten Sprechen
vorhanden sind. Sie müssen aber bewußt erkannt, mit-

empfunden und nachvollzogen werden, um in vollem Umfang wirksam werden zu können.

Die von Rudolf Steiner und Marie Steiner entwickelte Sprachgestaltung enthält Anleitungen für eine therapeutische, künstlerische und esoterische Schulung. Ausgangspunkt für diese drei Wege ist jedoch das künstlerische Element, das allen sprachbildenden Prozessen zugrunde liegt und erst die beiden anderen Sprachimpulse möglich macht.

Um zu verstehen, wie Bewußtseinserweiterung und Heilung aus der Sprachkunst entspringen können, müssen wir die Prozesse im Menschen aufsuchen, die den physiologischen Untergrund unseres Sprechens bilden. Denn dort finden wir das Urbild für alle heilsamen, künstlerischen und bewußtseinserweiternden Kräfte, dort lebt in jedem Menschen ein Arzt, ein Künstler und ein Priester, die im Verborgenen tätig sind und unser Menschsein stärken, beleben und erweitern können, wenn wir uns von der Sprache schulen lassen. Denn so unterschiedlich sich die drei Sprachimpulse auch darstellen, so entstammen sie doch einem gemeinsamen Zentrum. Dieses ist das rhythmische System - der Ort, an welchem Blut und Atmung in ein Gespräch zwischen Herz und Lunge eintreten.

Das Menschsein als labiler Gleichgewichtszustand

Rhythmus ist die lebendige Beziehung zwischen zwei Widersprüchen, die aus den Gegensätzen ein Gleichgewicht schafft. Er ist die Grundlage für alles Lebendige: Zwischen Erdenstofflichkeit und Sonnenkraft wächst die Pflanze empor im Rhythmus zwischen Ausdehnung (Blatt, Blüte) und Zusammenziehen (Stengel, Samen). Weitung und

Konzentration sind die Grundgesten, aus denen eine neue Einheit gewoben wird, Schwere wird überwunden, Leichte festigt sich. Im Menschen ist es das Blut-Atem-Geschehen, das vermittelt zwischen den Widersprüchen, die unser Erdendasein begleiten.

Von Geburt an lebt der Mensch in der Urdualität von Seele und Leib. Auch hier können wir die Polarität von konzentrierter Gestaltungskraft (Leiblichkeit) und in den Umkreis strebender Weitung (Geist) erleben. Diese durchzieht unser Menschsein auf allen Stufen und lebt in den Gegensätzen von Materie und Geist, Welt und Ich, Vergangenheit und Zukunft, die alle im gegenwärtigen Gestalten des Lebens überwunden werden müssen. Auch die Leibesfunktionen sind gegensätzlicher Natur. Selbst die kleinste Zelle in uns trägt in Zellkern und Zellflüssigkeit den Abdruck dieser für sich genommen widersprüchlichen Gebärde. Das wache Nerven-Sinnes-Leben, Träger unseres Bewußtseins, steht im Gegensatz zum unbewußten Stoffwechsel-Gliedmaßen-System, das die Grundlage für unser Wollen bildet. Wirkt das eine mehr gestaltend und weckend auf den Menschen, so hat das andere einen strömenden, musikalischen Charakter. Nerv und Blut stehen sich bis in die Substanz hinein polar gegenüber. Aber auch das bewußte und unbewußte Nervensystem sowie das arterielle und venöse Blutgeschehen leben in dieser Zweiheit.

Man kann geradezu den Eindruck haben, daß die ganze menschliche Organisation bis in die Zelle hinein darauf angelegt ist, Gegensätze zu überwinden und eine Mitte zu bilden. Denn im Grunde genommen sind wir nur dann im umfassenden Sinne des Wortes Mensch, wenn es uns gelingt, die Pole miteinander zu versöhnen und die Widersprüche durch ihre Steigerung auszugleichen.

Die menschliche Mitte ist nicht einfach eine feste Verbindung dieser Polaritäten, sondern sie ist ihrem Wesen nach ein andauernder Prozeß, der sich zwischen den Gegensätzen abspielt. Sie lebt auf den Wellen rhythmischer Bewegungsabläufe.

Alles im Menschen vollzieht sich nach gleichen Gesetzen: Wir nehmen auf (geistige Inhalte, Seelenerlebnisse, Nahrung), verarbeiten das Aufgenommene, wandeln es um und geben es dann in veränderter, von uns geprägter Form wieder ab. Geistig, seelisch und leiblich ist der Mensch eingespannt in einen großen Stoffwechselprozeß, der sich nur durch ständiges rhythmisches Bewegen lebendig und gesund gestaltet.[22]

Im Herz-Lungen-Geschehen, das zwischen Haupt- und Gliedmaßen vermittelt, haben wir das physische Abbild der menschlichen Mittekräfte. Hier erzeugt der Mensch sein Menschsein immer aufs neue im durchwärmten Durchdringen der oberen Elemente Licht und Luft mit den unteren Flüssigkeit und Stoff: Die geistdurchzogene Seele verbindet sich mit ihrer Leiblichkeit.

Sowohl Herz- wie Atemstillstand führen zum Tod. Nur in ständiger rhythmischer Regsamkeit vollzieht sich das Mittegeschehen, das seinem Wesen nach Vergehen und Werden ist. Im Ansaugen und Ausstoßen des Blutes (Diastole und Systole) und in Einatmung und Ausatmung lebt der Mensch im Zentrum der Auseinandersetzung zwischen Zusammenziehen und Ausdehnen, Aufnehmen und Abgeben. Im Kreislaufgeschehen: Einatmung – arterielles Blut – venöses Blut – Ausatmung, haben wir die Grundgebärden aller Stoffwechselprozesse und bis in die Leiblichkeit hinein den Ausdruck eines zwischen Geist und Materie vermittelnden Rhythmus, der ganz im Gegenwartsgeschehen lebt.

Einen gleichen Stellenwert hat unser rhythmisches System zwischen dem Denken unseres Hauptes und dem Wollen unserer Gliedmaßen: Es webt zwischen Herz- und Lungengeschehen das menschliche Fühlen.

Mittebildung als heilsamer Atemprozeß

Im Atemsystem, das aufs engste mit dem Blutgeschehen verbunden ist, können wir eine harmonisierende Steigerung aller in uns lebenden Widersprüche nachvollziehen. Jede Einatmung hat eine weckende, gestaltende und belebende Wirkung sowohl auf den Leib wie auch auf unsere Seele. Mit jeder Einatmung verbinden wir zudem unser geistig-seelisches Wesen mit unserem physisch-lebendigen Organismus. Ein neuer Gedanke, ein Sinneseindruck, ein seelisches Erlebnis – sie alle werden gewissermaßen eingeatmet und so in den Organismus aufgenommen und unserem Wesen gemäß umgewandelt.[23] Das, was unbrauchbar, störend oder belastend für uns ist, atmen wir wieder hinaus und erleichtern so unser Wesen. Dieses befreit sich mit jeder Ausatmung, reinigt sich und löst sich heraus aus einer zu starren Leibesverbindung. Unsere Inkarnationsverhältnisse urständen im Wechsel von Ein- und Ausatmung, sie sind ebenfalls ein lebendiger Prozeß und nie ein festgefügter Zustand.

Der Atem gibt seine lebenspendenden Impulse an das Blut ab und vermittelt sie so dem übrigen Organismus, ihn bewegend und durchlüftend. In unserer Atmung können wir – soweit sie nicht gestört ist – das Urbild aller rhythmischen Prozesse erleben. Im Wechsel zwischen Ein- und Ausatmung lebt der Mensch *zwischen* den Widersprüchen, *zwischen* den Polen. In der Atemmitte haben wir einen ausgesparten Freiraum, in dem wir das Zentrum, den Herzpunkt unseres ganzen Menschseins finden können. Denn jede Einatmung und jede Ausatmung für sich genommen bedeutet eine Vereinseitigung. Immer wieder neu muß sich der Mensch diesen Freiraum, der sich auf dem Untergrund rhythmischer Prozesse bildet, erringen. Indem das Ich sich beim Sprechen *vor* jeder Einatmung zum Worte erhebt und *vor* jeder Ausatmung Erde und Mensch entgegenneigt, vermag es die rhythmischen Prozesse anzuregen und zu harmonisieren. In der sprachlichen Aktivität erzeugt das Ich sich selbst immer aufs Neue. Hier urständet die sprachliche Menschenkunde, die vom Ich ausgehend die Leiblichkeit aufbaut und die Seele zur Entwicklung anregt.

Die Beseelung des Menschen durch den göttlichen Atem, wie es in den Waldorfschulen jährlich in den Oberuferer Weihnachtsspielen dargestellt wird, kann uns das Wesen dieser Mittekraft, die Ursprung und Ziel unseres Menschseins ist, erfahrbar werden lassen. Im Paradeisspiel heißt es:

> «Adam nimm an den lebendigen Atem,
> den du empfangest mit dem Datem.
> Nimm an Vernunft, dabei betracht,
> daß i di hob aus Erden g'macht. –
> Nu, Adam, fange an, z'lebn
> und tritt auf deine Füeße ebn.»

Nicht im klug denkenden Kopf, nicht im noch so tüchtigen Willen beginnt unser Menschsein, sondern im vom Atem beseelten Herzen, in der von Herzkraft impulsierten Atmung. So lebt in jedem Menschen eine heilende Kraft, die ihren Wohnplatz in unserem rhythmischen System hat, als Arzt, der den «Erdenpatienten» von allen Krankheiten zu heilen vermag.[24] Der Atem ist der große Vermittler, der Seelisch-Geistiges mit Physisch-Lebendigem verbindet und in sich selbst die Kraft des Ausgleichs trägt: «Alle heilenden Kräfte liegen nämlich ursprünglich im menschlichen Atmungssystem. Und wer den ganzen Umfang des Atmens wirklich versteht, der kennt aus dem Menschen heraus die heilenden Kräfte. Nicht in den anderen Systemen liegen die heilenden Kräfte. Die anderen Systeme müssen selbst geheilt werden.»[25]

Die Sprache als Heilmittel

Jedes menschliche Unwohlsein, jede Erkrankung ist ein Herausgefallensein aus einem geistigen Zusammenhang. Krankheit ist eine Gleichgewichtsstörung, die sich im Zerfall, im Zwiespalt und der Vereinseitigung äußert. Jedes Teil unseres menschlichen Organismus für sich genommen, würde, sich selbst überlassen, ein krankhaftes Eigenleben führen. Die Sprache vermag wiederum heilsame Gleichgewichtsprozesse im Menschen anzuregen, weil sie auf der physiologischen Grundlage der Atem- und Blutzirkulation lebt. *Sprache ist Atem-Blut-Geschehen auf einer höheren geistig-seelischen Stufe.* Dadurch vermag sie unmittelbar auf die Atmung und das rhythmische System zurückzuwirken und kann so zum Heilmittel für den Menschen und seine Zivilisation werden.

Das Wissen um diese Zusammenhänge hat die anthroposophische Sprachheilkunst entstehen lassen. Sie regt die Selbstheilungskräfte, die im rhythmischen System jedes Menschen leben, an und nutzt die ausgleichenden Kräfte, die das ganze Sprachgeschehen durchziehen. Dafür muß sich der Sprachtherapeut heranschulen, die jeder Gesundheitsstörung zugrunde liegende Gleichgewichtsstörung im Sprechen des kranken Menschen seelisch und leiblich mitzuempfinden.[26]

Alle Krankheiten lassen sich zurückführen auf zu lockere oder zu feste Inkarnationsverhältnisse. Sind wir nicht Herr in unserem Leibeshaus, dann kommt es zu Entzündungen, Infekten, Schwächen des Immunsystems und Wucherungen. Stecken wir in unserem Leib wie in einem Kerker gefangen, dann führt dies zu Verhärtungen, Sklerosen, Ablagerungen, Steinbildungen und Koliken. Aber auch die sogenannten Geisteskrankheiten zeigen deutlich das Herausgefallensein der Seele aus einem gesunden Mitteverhältnis. In der Manie, der Schizophrenie, bei paranoiden Zuständen sowie der Hysterie haben wir Zeichen des Herauslösens der Seele aus dem Leib; dieser gibt nicht genug Halt und Hülle, die Seele lebt in einseitiger Leibesentfremdung. Bei der Depression, verschiedenen Neurosen und der Epilepsie findet der Mensch keinen Anschluß an die Licht- und Luftkräfte, er sinkt ab zu Schwere und Seelenverdunkelung.

Diese beiden Grundgebärden aller Krankheitsursachen können ausgeglichen werden, wenn die drei sprachlichen Elemente – Laute, Stimme und Atmung – harmonisiert werden. In den klassischen Sprechstörungen, im Lispeln und Stottern, zeigen sich diese Tendenzen der Auflösung und Verfestigung besonders deutlich. Der Lispler rutscht gewissermaßen durch den Leib hindurch, erlebt diesen nicht als bewußtseinsweckende Grenze und gibt sich zu sehr an die Welt hin. Die Zungenspitze, mit welcher die Seele beim Sprechen in großer Regsamkeit die Inkarnationsverhältnisse im Leib ertastet und regelrecht durchschmeckt, respektiert nicht die Grenze der Zähne und verliert sich in den vorderen Mundraum.

Der Stotterer dagegen läßt sich zu sehr von seiner Leiblichkeit fesseln, es gelingt ihm nicht, diese zu durchklingen, er bleibt in ihr stecken und stößt immer von neuem
an diese an. Es ist verständlich, daß dies besonders bei den
Stoßlauten der Fall ist, die bei ohnehin verfestigten Inkar-
nationsverhältnissen das Steckenbleiben im Leib noch
schmerzvoller zum Erlebnis bringen. Rhythmisches, musikalisches Sprechen wirkt lösend und befreiend auf den
Stotterer. Beginnt er, anhand von Dichtungen ein rhythmisches Sprachempfinden zu entwickeln, so gelingt es
ihm womöglich auch, seine Alltagssprache musikalischer
zu gestalten und im Voraushören der Sätze die Silben in
Längen und Kürzen zu bewegen.

Der griechische Hexameter ist auch hier besonders hilfreich, weil er durch die Ausgewogenheit der rhythmischen Zahlenverhältnisse gleichzeitig lösend wie stärkend
wirkt. Beim stotternden Menschen verhärtet sich die Zungenwurzel und läßt den Atem beim Sprechen stocken, so
daß der mittlere und vordere Sprachraum nicht erreicht
wird. Hier helfen die Gaumenlaute G und K, welche die
Zungenwurzel gut durchtrainieren:

Ganz kurze krumme Christbäume kann man kaufen.

Beim Lispler ist es die Zungenspitze, die sich zu weit
heraustastet und sozusagen einen hüllenlosen Seelen-
zustand demonstriert. Hier helfen die Laute l, n, d, t, die
deutlich und exakt mit der Zungenspitze (nicht durch Ver-
schiebung des Unterkiefers) hinter den Oberzähnen gebildet werden.[27]

Die hier angeführten Übungen können ein Beispiel geben, wie aus der Sprache heraus geheilt wird. Sie müssen
aber eine Zeitlang mit einem Sprachgestalter gearbeitet
werden, um ihre volle Wirksamkeit zu entfalten und nicht
etwa neue Einseitigkeiten hervorzubringen.

Was für das Stottern und Lispeln gesagt wurde, kann auf jeden Laut und ebenfalls auf Stimme und Atem erweitert werden. Auch ein B, M oder W kann zu offen, zu locker oder ohne Führung gebildet werden oder aber zu fest und zu physisch verkrampft. Jeder Lautbildung liegt eine harmonische Verbindung von Straffheit und Bewegung, von Ballen und Lösen, von plastischen *und* musikalischen Kräften zugrunde. Diese sind es, die sowohl in der Sprache wie auch im Sprechen die Gegenbilder der Verhärtung und Auflösung in ein heilsames Gleichgewicht zurückverwandeln.

Alle Sprachprozesse führen in einen Ausgleich hinein. Der Sprachprozeß selber schafft eine Verbindung zwischen den aufsteigenden Willensempfindungen, die sich in der Stimme ausdrücken, und den zur Lautgebärde gestalteten Weltgedanken. Einen Abdruck davon haben wir in jedem Wort, das aus Vokalen und Konsonanten ein lebendiges Ganzes webt. In der Lautbildung können wir die plastisch-musikalischen Elemente im Wechsel von Formen und Lösen erleben.

Auch die Zunge, welcher der Therapeut eine große Aufmerksamkeit widmen muß, bewegt sich beim Sprechen in einer Mittellage. Der Tanz zwischen Bewegung und Straffung im hinteren und vorderen Sprachraum, Gaumenwölbung und Zungenbett ist vielfältig, fällt aber nie aus dieser Mitte heraus. Keine gesunde Lautbildung ist möglich, wenn sich die Zunge nach rechts oder links verschiebt, aus dem Mund heraushängt, sich im hinteren Gaumenbereich ballt oder leblos und schlaff im unteren Mundraum liegenbleibt. Im rhythmisch-bewegten Spiel der Lautbildung ist die Zunge immer bestrebt, auszugleichen und zu verbinden. Indem sie durch ihre Muskeltätigkeit eine Art Gliedmaßencharakter hat, zugleich aber durch das empfindsame Tasten und Schmecken von Nerven-Sinnesqualität durchzogen ist, bildet die Zunge im Sprachorganismus wiederum ein Zentrum, das sich aus Bewegung und Wahrnehmung zusammensetzt. Sie ist ein Spiegel unserer seelischen Regsamkeit. Wird diese durch Alkohol, Drogen oder Medikamente herabgedämpft, dann wird auch die Zunge träge und schwerfällig: Die Zungenmuskulatur erschlafft, die Sinneswahrnehmungen gehen zurück. Eine konsequente sprachliche Arbeit kann der Zunge ihre Lebendigkeit zurückgeben und hat eine belebende Wirkung auf die Seele des Menschen.

In jeder Sprache werden Atem- und Stimmstrom aus der Mitte des Mundes herausgeführt und nicht etwa durch Verzerrungen der Lippen seitwärts gelenkt. Es ist interessant in diesem Zusammenhang, daß Rudolf Steiner dem Schauspieler des Ahriman in den *Mysteriendramen* den Rat gab, Stimm- und Atemstrom in die Backentasche zu leiten, so daß die Sprache dieses Wesens nicht aus einer Mitte heraus gebildet werden sollte.

Eine harmonische und somit heilsame Sprechweise hängt immer davon ab, ob die Verhältnisse von Lautbildung, Stimme und Atemführung ausgewogen sind. Beginnt die Atmung sich nach der Sprache zu richten, so empfängt sie von dieser heilsame Impulse. Der Zerfall in die kränkende Zweiheit wird von der zwischen den plastisch-musikalischen Sprachprozessen vermittelnden Atmung überwunden. So kann der Mensch durch ein harmonisches Sprechen bildsam werden, statt zu verhärten, und zu innerer Lebendigkeit heranreifen, statt erdenflüchtig zu werden. Der Kranke, der, vom Therapeuten angeleitet, in eine stimmliche Mittellage, in eine ausgewogene Lautbildung und harmonische Atemverhältnisse geführt wird, findet durch die Sprache eine Grundlage zur vollen Entfaltung seiner Individualität.

Die Kraft, die es dem Menschen möglich macht, die geistigen, seelischen und leiblichen Widersprüche, die unser Leben durchziehen, in ein Gleichgewicht zu bringen, finden wir im menschlichen Ich. Dieses überwindet die Gegensätze und faßt sie zu einem ganzheitlichen Prozeß zusammen. Bis in die Funktionen seines Leibes hinein trägt der Mensch in sich die Dualität als Aufforderung zur Ich-Entwicklung. Im Sprachprozeß ist das Ich zu besonderer Aktivität aufgerufen. Diese steigern wir, je aufmerksamer wir die Sprachvorgänge zu gestalten lernen.

Im bewußten Erleben der Sprache verbindet sich die Ich-Wesenheit in Liebe und Interesse mit seiner Leiblichkeit. Diese wird nun nicht länger als Widerspruch zu dem geistigen Wesenskern empfunden, sondern als Werkzeug, als Mittel genutzt, zu diesem zurückzufinden. Auf diese Weise lernt der Mensch, sich selbst und sein Schicksal bis in die Leiblichkeit hinein zu gestalten, indem er in den rhythmischen Sprachprozessen eine ständige Erneuerung erfährt.

Voraussetzung für ein heilsames Sprechen ist das Mitatmen und Miterleben der Sprache im geführten, vom Laut gestalteten Silbenschritt. Eine gute, im Silbenschreiten bewegte Artikulation plastiziert den ganzen menschlichen Organismus und gestaltet ihn nach geistigen Gesetzen. Der so Sprechende gewinnt an Sicherheit und Menschenwürde, ja er erfährt neue Kräfte der Ermutigung, wenn er sich so mit der Sprache die ihn umgebende Luft erobert: Er erlebt, daß diese trägt.

Lernt der Mensch, die Silbenschritte rhythmisch zu modifizieren, so belebt und harmonisiert er seine ganze Organisation. Er beginnt, mit der Sprache mit zu atmen. Wird der Rhythmus dann je nach Inhalt und Lauten dynamisch differenziert gestaltet, so befindet sich die Seele in einem innerlich erfühlten, immer bewegteren Sprachprozeß. Sie lernt nicht nur die Sprache zu gestalten und mit ihr mitzuschreiten, sondern sie beginnt im Sprachfluß zu *leben* und mit diesem auf- und abzufluten zu eigener Anregung und Beruhigung. So wird der Mensch geweckt für die unterschiedlichen Sprachstile, die er nun immer freier und lebendiger gestalten lernt. Die alte, kranke und kränkende Hüllennatur wird so schrittweise umgestaltet und durch Artikulation, Rhythmus, Dynamik und Stilgefühl sprachlich auf einer anderen Ebene erneuert und geheilt. Dieser Prozeß erfährt eine weitere Vertiefung, wenn bis in die Gebärden hinein die geschilderten Stufen nachvollzogen werden, so daß schließlich der Wille selbst zum Sprachimpuls wird und das Sprechen so als Frucht der eigenen Wesenstiefen erscheint, von aller Kopflastigkeit befreit. Dieses Umschmelzen durch die Sprache erlebt der Mensch wie eine große Katharsis.[28]

Der Weg von der Artikulation zum von Gebärden durchzogenen Wort führt den Menschen immer tiefer in die Sprache hinein, indem er sich selbst von dieser anleiten und bewegen läßt. Eine erstaunlich ausgeprägte Führungsqualität kann der Übende in der Sprache selbst erleben. Lernt er die Laute in rechter Weise zu bilden, so entsteht der Silbenschritt. Dieser wiederum ist durch die betonten und unbetonten Silben von Rhythmus durchzogen. Das zusammenziehende und weitende Element, das jedem Rhythmus zugrunde liegt, birgt Dynamik in sich. Das erleben wir besonders, wenn der Rhythmus wechselt. Im dynamischen Sprechen aber drücken sich bereits anfängliche Gebärden aus, der Sprechende beginnt, mit wirksamen oder bedächtigen, fragenden oder zögernden, verbindlichen oder ablehnenden Gesten das Wort dynamisch zu nuancieren. So wird die Sprache selbst zum Heilmittel und wandelt uns um nach den ihr innewohnenden Gesetzen.

Beginnt ein Sprachtherapeut mit einem Patienten zu arbeiten, so richtet er seine Aufmerksamkeit zuerst auf dessen Alltagssprache und die leiblichen Voraussetzungen für ein heilsames Sprechen. Er wird auf den Sitz der Stimme achten, auf deren Modulationsfähigkeit, Klang, Kraft oder Schwäche und erfährt so etwas über die seelische Grundstimmung des Erkrankten, indem er sich bemüht, durch die augenblickliche Verfassung – vielleicht Unsicherheit oder Müdigkeit – hindurchzuhören auf den innerlichen Grundton. Auch in der Alltagssprache sind bereits die konstitutionellen oder durch eine Krankheit verschobenen Atemgewohnheiten leise wahrnehmbar, ebenso, ob eine Sprache mehr vokalisch, also seelisch gehandhabt wird oder deutlich von den Konsonanten *gestaltet* wird. Besonders wird der Therapeut auf die Lippen achten, wie diese durchblutet sind, welches Verhältnis zwischen Ober- und Unterlippe besteht, ob sie einen guten Verschluß zu bilden vermögen oder sich beim Sprechen seitlich verziehen und vielleicht bei einigen Lautbildungen verzerren. Wie der Patient steht und geht und mit welcher Grundgebärde er seine Rede begleitet, sagt viel über ihn aus. Die Haltung des Leibes ist wie ein Spiegelbild für das, was dann sprachlich hörbar wird, allein das Aufsetzen des Fußes spricht eine sehr deutliche Sprache.

Eine erste Stehübung kann helfen, daß sich der Leib im Raum ordnet und hält. Die Knie sollen locker, nicht durchgedrückt sein, damit sie zwischen Schwere und Leichte vermitteln können, der Fuß fest, aber «schrittbereit» auf der Erde stehen. Über die Leibesbewegung kann bereits eine leichte Regulierung der Atmung angeregt werden: Der Patient steht auf beiden Füßen wie auf einer Wasseroberfläche. Eine Welle hebt seine Ferse an, dann steigt das Wasser und hebt die Arme bis auf Herzhöhe. Der ganze

Ablauf der Bewegung dient der Einatmung, der innerlichen Aufnahme dessen, was ausgesprochen werden soll, und erleichtert die Bewegung zur Lautbildung hin. Deshalb muß die Leibesgebärde immer kurz *vor* der Sprache ausgeführt werden. Im Auf- und Niederschwingen von Fersen und Armen wird gesprochen:

> *Auf und ab*
> *Auf und ab*
> *Wallt die Welle*
> *Schwipp und schwapp.*
>
> Christa Slezak-Schindler

Ist der Atem auf diese Weise *gelöst* worden, kann versucht werden, ihn von oben nach unten im innerlichen Mitschreiten der Silben zu *führen*. Dafür sind zum Beispiel folgende Übungssätze von Rudolf Steiner geeignet, die in diesem Fall auch eine inhaltliche Bedeutung haben:

Was du tust tue durch deinen tatkräftigen Willen. Oder:

Bedeutung suche in jedem Ding.

So lernt der Mensch, mit der Sprache mitzulaufen.

Die Verbindung mit Laut und Silbe wird oft durch die Verbindung der Füße mit der Erde unterstützt. Sie kann von den Händen übernommen werden, welche die Luft stufenweise abtasten und so später in den Rhythmus einer Dichtung übergeführt werden. Der Schritt verhilft zu einer deutlichen Artikulation, während durch Hand- und Atembewegungen die Sprache eine Durchatmung und Beseelung erfährt.

An solchen anfänglichen Übungen lernt der Sprachgestalter viel über den kranken Menschen. Wie im ersten Kapitel des Buches beschrieben, führt ein Mitempfinden der Lautbildung sowie der Stimm- und Atemgewohnheiten zu einer umfassenden Menschenoffenbarung. Der Patient vermittelt zugleich mit der Diagnose die für ihn passende Therapie, er spricht selber aus, was ihm fehlt und welchen Teil seines Menschseins er sich durch die Sprache zurückerobern muß, um zu einer Heilung zu finden. Hier bewahrheitet sich der Novalis-Satz: «Wenn dem Menschen etwas fehlt, soll ihm der Arzt das verschreiben, was ihm fehlt: Sich selbst.» Jeder unausgewogene Atemprozeß, jede einseitige Lautbildung weist auf eine Störung im Organismus hin. Wenn sie überwunden und ausgeglichen wird, kann die Heilung erfolgen. So erfährt der Therapeut vom Patienten selbst, welche Laute, welche Rhythmen oder welche Atemschritte erarbeitet werden müssen. Oft ergeben sich neue Ursachen der Erkrankung, welche die ärztliche Diagnose womöglich hilfreich ergänzen können.

Gerne wird der Mensch zum Beginn einer Therapie mit den Lippenlauten (B, P, M) in die Sprache geführt. Über die Lippen, welche den Übergang zwischen dem Sprachorganismus und der Luft, also zwischen Ich und Welt bilden, kann das Ich besonders angesprochen und aktiviert werden. Es wird auf eine saubere Bildung der Konsonanten geachtet, bevor die Stimme hörbar wird, so daß sich die Lautkraft vom Eigenwesen befreit und stärkend auf dieses zurückwirken kann.

Es wird bei dieser Therapie nur selten eine festgelegte Lautgruppe oder Übung für eine bestimmte Krankheit eingesetzt. Dafür wird eine je nach Erkrankung und Konstitution individuell gehandhabte Übungsreihe erarbeitete und die ausgleichende und anregende Wirkung der Laute und Rhythmen auf die Atmung genutzt, um die vermittelnden Kräfte im Menschen zu stärken und so den ganzen Organismus zu harmonisieren. Die Wesensglieder werden ge-

ordnet, und einseitige Inkarnationsverhältnisse ausgeglichen, indem die Sprache zurückwirkt auf Seele und
Leib. Jede Krankheit ist heilbar, wenn die Vereinseitigung,
die zur Erkrankung geführt hat, überwunden wird.

Die von Rudolf Steiner gegebenen Sprachübungen, die
sowohl für den Erwerb eines künstlerischen Sprechens
wie auch für die Therapie eingesetzt werden, bleiben dem
Intellekt zumeist unverständlich, entsprechen aber den
geistigen Gebärden, die den verschiedenen Sprachbilde-
prozessen zugrunde liegen. Ein ursprüngliches Erlebnis
eines Inkarnationsvorganges kann der Mensch erfahren,
wenn er seinen Atemhauch geschmeidig überführt in die
Bildung des Lippenlautes M und sich nun - von diesem
umkleidet - in der Außenluft weiterbewegt. So wie die
Seele bei der Geburt in den Leib einzieht und diesen zu
bewegen beginnt, so strömt die Atemluft in das gebildete
Lautgefäß, ohne zurückzustauen. Das M darf erst into-
niert werden, wenn die Lautbildung vom Atem ergriffen
wird. Eine leicht vokalische Stimmfärbung verstärkt den
Eindruck, daß ein innerlich Bewegtes sich ausgießt in ein
äußerlich Geformtes:

H $\longrightarrow$ M: Hum, ham, häm, him

In solch einer Übung kann sich der ganze Organismus
einschwingen in ein harmonisches Inkarnationsverhältnis.

Soll ein Patient aus einer zu starken Leibesverfestigung
herausgelöst werden, so kann mit ihm eine Übungsreihe
erarbeitet werden, die vom Stoßlaut über den Wellenlaut
zum Blaselaut führt, so daß die fast gegenständliche Lautbildung der erdverbundenen Stoßlaute sich schrittweise
durchlichtet und durchwärmt. Der Weg führt aus der
Ruhe in die Bewegung; er kann auch umgekehrt gegangen
werden, wenn der Kranke stärker in den Leib hinein-
geführt werden soll.

Beispiel für den Stoßlaut: _Drück die Dinge, die beiden Narrenkappen Tag um Tag._ Für den Wellenlaut: _Leise lispeln lumpige Lurche lustig._ Für den Zitterlaut: _Rate mir mehrere Rätsel nur richtig._ Für den Blaselaut: _Ach, forsche rasch; es schoß so scharf auf Schußweise._

Nun werden die Übergänge zwischen den Elementen erarbeitet. Vom Stoßlaut zum Wellenlaut werden die «Stoßwellen» so erlebt, daß ein Konsonant in den folgenden hinein _verwandelt_ wird: _Diele, Lied, Tal, Latte, Beil, Leib, Keil._ Im Wechsel zwischen Lösen (Beil) und Festigen (Leib) beginnt ein unterschiedliches seelisches Atmen. Vom Zitterlaut geht es in der folgenden Übung zum Blaselaut, also von der Luft in die Wärme, von einer äußeren Bewegung in eine innere: _Reihe reich rasch Reis reif._

Wir können die Stoßlaute und die Blaselaute als Polarität empfinden, die der von Leib und Geist entspricht. Luftiges und Wäßriges bilden den bewegten Übergang zwischen Festigkeit und Vergeistigung. Dieses entspricht dem Atemgeschehen, dessen Einatmungsseite mehr mit unserem Luftorganismus und dessen Ausatmungsseite mehr mit unserem Flüssigkeitsorganismus verbunden ist. Wir haben davon gesprochen, daß nur in der kleinen Spanne zwischen zwei Atemzügen der Mensch in einem vor Einseitigkeiten geschützten physiologischen Freiraum lebt, in welchem immer aufs neue die Polarität von Ein- und Ausatmung einen Ausgleich erfährt. Rudolf Steiner setzt in die obige Übungsreihe nur ein Wort, das zwischen den Elementen Wasser und Luft lautlich vermitteln soll: _Leer._[29]

Jedes sprachliche Üben setzt sich aus den Elementen Laut, Atem und Stimme zusammen, wobei die Konsonantenbildung mehr die Vorstellungsseite verkörpert, also mit unserem Nerven-Sinnes-Wesen korrespondiert, während die Stimme die Willensempfindungen des Blutes im Vokal hörbar werden läßt. Je nach Krankheit gilt es, den Patienten mehr von der Bewußtseinsseite oder von der Stoffwechselseite in ein Mittegeschehen zu führen. Dieses verdeutlicht sich an den zwei Atemübungen, die beide von unterschiedlichen Richtungen her die rhythmischen Sprachprozesse umfassen. Soll ein Mensch mehr zu sich selber geführt werden und sich willentlich ergreifen lernen, so kann er durch kräftige Konsonantenbildung versuchen, die Atemluft in wenigen Worten zu verbrauchen, so daß die so energisierte Ausatmung in das Blut hinunterplastiziert. Willenshaft klingt die Sprache, wenn der Mensch sich so in das Sprachgeschehen fallen läßt und sich gleichzeitig im Laut halten lernt:

> *Erfüllung geht*
> *durch Hoffnung*
> *geht durch Sehnen*
> *durch Wollen*
> *Wollen weht*
> *im Webenden*
> *weht im Bebenden*
> *webt bebend,*
> *webend bindend*
> *im Finden,*
> *findend windend,*
> *kündend.*

Zu seiner Stimme finden, heißt, zu sich selber kommen.

Gehen wir dagegen von unserem Inneren aus, beginnen wir von der Blutseite unseres Organismus her einzuatmen und die Stimme der Luft anzuvertrauen, so öffnen wir uns in den Umkreis. Der Ton löst sich aus dem Leib in die Luft hinein, die Atmung weitet sich in den langen, rhythmischen Zeilen:

In den unermeßlich weiten Räumen,
In den endlosen Zeiten,
In der Menschenseele Tiefen,
In der Weltenoffenbarung:
Suche des großen Rätsels Lösung.

Diese beiden Atemübungen zeigen, wie unterschiedlich sich der Sprachprozeß gestaltet, je nachdem, ob wir mit dem Atem auf das Blut wirken wollen oder umgekehrt. Von seiten der Dichtung her können solche Prozesse zum Beispiel durch den im zweiten Kapitel beschriebenen Stabreim und den Hexameter unterstützt werden.

Oft entsteht eine Krankheit dadurch, daß ein Entwicklungsschritt, wie zum Beispiel die Atemreife, in der Kindheit oder Jugend nicht vollzogen worden ist. Durch eine Sprachtherapie können alle Stufen der Menschwerdung nachgeholt werden, wenn sich nun im Erwachsenenalter das Menschen-Ich bewußt im Üben mit der Sprache verbindet.

Atemvertiefung und Atemerweiterung sind das Ziel jeder sprachlichen Schulung. Im Erfahren der Tiefe und der Weite unseres Menschseins beschreiten wir den Weg zur Gesundung. Sprechend erfährt sich der Mensch in einer heilsamen Ganzheit, er findet zu sich selbst, ohne seinen geistigen Ursprung zu verlieren; er weitet sich in geistige Zusammenhänge hinein, ohne seines Selbstes verlustig zu werden. Ganzheit aber bedeutet Gesundheit.

Die Praxis hat gezeigt, daß es heute nur noch wenige Menschen gibt, die wirklich im Sinne des oben beschriebenen Gleichgewichtes gesund sind. In irgendeiner Weise trägt jeder die Gebrechen seiner Zeit in sich. So hat die Sprache in vielen Fällen erst einmal die Aufgabe, den Menschen zu heilen, bevor er überhaupt wieder in einen künstlerischen Prozeß eintauchen kann. Es mag zu den Aufgaben unseres Jahrhunderts gehören, den Menschen durch eine geisteswissenschaftliche, aus dem Wesen der Sprache erlebte und praktizierte Menschenkunde wieder zu einem künstlerischen Erleben und Schaffen zu führen. So sind auch die der Sprache innewohnenden künstlerischen Gesetzmäßigkeiten nur dem Menschen erlebbar, der wieder lernt, sie in einer freien, ausgewogenen Weise mitzuatmen. Solange wir krank sind, das heißt in Einseitigkeiten verharren, werden wir in der Kunst immer nur an die Grenzen unseres eigenen Wesens anstoßen, ohne daß sich ein Höheres auszusprechen vermag. Es entsteht dann eine Kunstgesinnung, die nicht mehr die belebenden Kräfte des wirklich Künstlerischen in sich trägt.

In allen Künsten finden wir diese beiden Aspekte des Blut-Atemge-
schehens wieder, als unterschiedliche künstlerische Stile. Die Bilder von
Raffael und Rembrandt geben ein anschauliches Beispiel für die geschilderten Prozesse. Raffael, der aus dem Geist des Atems heraus malt, zeigt
kosmische Ordnung und Harmonie in Farbe und Form. Rembrandt,
dessen Lebensthema Licht und Finsternis war, malt das ringende Ich von

Raffaelo Sanzio, Madonna del Cardellino
(Uffizien, Florenz)

seiten des Blutes her: willenshaft und ungebärdig. Während das linke
Bild von ewigen Gesetzen spricht, ist das rechte ganz aus dem Gegenwärtigen heraus empfunden - einen Augenblick später wird sich die Sze-
ne schon verändert haben. Interessant auch die inhaltliche Darstellung,
welche die Urgebärden von Gesundheit und Krankheit erlebbar macht:
Links: Einigkeit, Ganzheit. Rechts: Zerfall und Zwiespalt.

Rembrandt van Rijn, Isaaks Opferung
(Alte Pinakothek, München)

5

Die künstlerische Schöpferkraft des Wortes

Sprechend lebt der Mensch
Den Geist, der aus Seelentiefen
Sich holt die Kräfte,
Um aus Weltgedanken,
Wie aus dem Gotteslicht,
Zu bilden Menschenfarben.
Im Deklamieren lebt
Des Lichtes Weltenkraft,
Im Rezitieren pulst
Der Seele Farbenmacht.*

Rudolf Steiner

Betrachten wir unsere Alltagssprache, so ist es schwer, diese in irgendeiner Weise mit Kunst in Verbindung zu bringen. Zu besetzt sind die Worte durch den Inhalt, den wir vermitteln wollen, zu abgenutzt im Gebrauch für die banalsten Dinge des Lebens, und zu selbständig und unbewußt verläuft unser Sprechen, als daß wir noch schöpferische Kräfte in diesem instinktiv gehandhabten Vorgang bemerken würden. Wir sind es gewohnt, daß Kunst und unser alltägliches Leben getrennt sind. Mag diese auch die Seele stärken und erbauen, so hat sie doch zumeist ihren

---

* Rezitation und Deklamation sind ein wesentliches Thema der Sprachgestaltung. Sie drücken sich in zwei sprachlichen Stilen aus, die mit den beschriebenen unterschiedlichen Wirkungen der Atmung auf das Blut oder des Blutes auf die Atmung zusammenhängen. Beispiele dafür haben wir im Stabreim und im Hexameter sowie in den beiden angeführten Atemübungen.

Platz *neben* unseren Aufgaben und unserem Alltagsleben. Die Malerin legt Leinwand und Pinsel beiseite, der Bildhauer läßt seinen Marmorblock, der Musiker sein Instrument zurück, um sich den lebensnotwendigen Verrichtungen zu widmen. Kein Sänger kauft singend sein Brot ein, keine Tänzerin tanzt ihren Zorn in einer unaufgeräumten Küche. Gleichgültig, ob wir selber Kunst ausüben oder uns an ihr erfreuen, sie hat eine Sonderstellung in unserem Leben. Der Sprache aber bedienen wir uns immerzu, sie ist das Mittel, in dem all unser Denken, Fühlen und Wollen, ob erhaben oder trivial, seinen Ausdruck findet. Wie also sollen wir heute noch Sprache als Kunst und das Sprechen als einen künstlerischen Vorgang erleben?

Der Dichter Hermann Hesse drückt dies folgendermaßen aus: «Der Dichter muß für sein Tun dieselbe Sprache benutzen, in der man Schule hält und Geschäfte macht, in der man telegraphiert und Prozesse führt. Wie ist er arm, daß er für seine Kunst kein eigenes Organ besitzt, keine eigene Wohnung, keinen eigenen Garten, kein eigenes Kammerfenster, um auf den Mond hinaus zu sehen – alles und alles muß er mit dem Alltag teilen!»

Diese empfundene «Armut» kann uns jedoch zum unermeßlichen Reichtum werden, wenn wir erleben, wie gerade in der Fähigkeit des Menschen, Sprache hervorzubringen, der Ursprung alles Künstlerischen in uns zu suchen ist und die Sprache so als die eine große Urkunst wieder im menschlichen Bewußtsein aufleuchtet. Ist nicht alles Sein aus dem Wort entstanden, aus ihm hervorgegangen und von ihm erschaffen worden? Kann es einen größeren Schöpferakt geben als die Erschaffung von Erde und Mensch durch das göttliche Wort? Wie, wenn nun etwas von dieser Schöpferkraft im menschlichen Wort weiterlebte, so daß dem «Kunstwerk Mensch» mit der Sprache die Gabe verliehen wäre zu unbegrenzter, eigener schöpferischer Tätigkeit?

Um diesen Weg vom Geschöpf zum Schöpfer des Wortes deutlicher zu erkennen, müssen wir uns erst klar darüber werden, wie unterschiedlich die Begriffe ‹Kunst› und ‹Künstlerisches› in uns leben. Denn sosehr auch die Kunst für uns heute ein vom Alltagsleben abgetrenntes Dasein führt, so können wir doch nicht leugnen, daß das Künstlerische als menschliche Fähigkeit in jeder Seele leben und sich auf alle Gebiete des Lebens erstrecken kann. Auch ohne eine Kunst selber auszuüben, können wir unsere Umgebung künstlerisch gestalten, unseren Beruf künstlerisch ausüben, ja selber zum Lebenskünstler werden. Damit dieses möglich wird, muß der Mensch sein Augenmerk darauf richten, *wie* er mit den Stoffen – gleichgültig, ob es sich um geistige Inhalte oder Gegenstände handelt – umgeht. Er beläßt die Dinge nicht länger so, wie sie sich im physischen Raum oder im intellektuellen Denken *nebeneinander* darstellen, sondern verwandelt und erhöht diese, indem er sie in einen klingenden, atmenden Zusammenhang bringt. Sie gewinnen damit einen besonderen Glanz, der sie aus ihrer alltäglichen Banalität herauslöst, und sie beginnen etwas zu offenbaren, das unser Herz berührt. Ob es sich um die Gestaltung eines Lebensraumes oder um das Verstehen der eigenen Biographie handelt, ob wir als Erzieher, Lehrer oder Arzt tätig sind – indem wir, durch schöpferische Phantasie angeregt, den «Stoff» so bewegen, daß er in einen rhythmischen Zusammenhang gebracht wird, damit sich der Geist im Sinnlichen offenbaren kann, erlösen wir ihn aus seiner Vereinzelung und hauchen ihm Leben ein.

So wie die Sprache über den Atem harmonisierend und heilend auf *den Leib* wirkt, so tragen die Atem-Blut-Prozesse Elemente in sich, welche *die Seele* im künstlerischen Erleben nachschafft. Die physische Leiblichkeit trägt den Abdruck seelisch-geistiger Prozesse in sich, in denen das Ineinanderspielen von Geist und Materie als künstlerischer Akt nachvollziehbar werden kann. Wir können uns also die Frage stellen, welche *seelische Qualität* die Vorgänge unseres rhythmischen Systems haben, um im folgenden Kapitel zu erfassen, welche *geistige Gebärde* ihnen zugrunde liegt.

Die Seele webt zwischen der Polarität von Körper und Geist. Im Herz-Lungen-Geschehen lebt sie die Kräfte des Ausgleichs und der Umwandlung in innerlichem Fühlen mit. In dem hier stattfindenden Ineinanderweben von Schwere (Stoff) und Leichte (Form), von Finsternis (Leib) und Helligkeit (Geist), kühler Gedankenklarheit und Willensfeuer steigert sich die Polarität zu einer Mitte, die Neues hervorzubringen vermag: Aus Schwere und Leichte entsteht das Atem-Gleichgewicht, aus Kälte und Hitze die Herzenswärme, aus Dunkelheit und Licht bilden sich die Seelenfarben. Das Herz ist das Zentrum dieses Geschehens. In dieses hinein erhebt sich die Stofflichkeit unseres Leibes und versenken sich unsere Sinneseindrücke. Die Übergänge gestalten sich durch Blut und Atem, in deren Austausch sich nun die Widersprüche der menschlichen Organisation begegnen und durch rhythmische Prozesse ausgeglichen werden. Das Blut-Atem-Geschehen umfaßt also bis in die Stofflichkeit hinein den ganzen Menschen, ja es erzeugt ihn immer wieder aufs Neue in einem labilen Gleichgewichts-Prozeß: «Der

Mensch ist in jedem Augenblick seines Lebens hier auf der Erde das *Produkt* von Atmung und Blutzirkulation.»[30]

Die Sinneseindrücke werden über die Einatmung
an das Blut vermittelt.

↓

Nerven-Sinnes-Organisation
Atmung
HERZ
Blut
Stoffwechsel-Gliedmaßen-System[31]

↑

Der Nahrungsstrom löst sich über das Blut in die
Ausatmung.

Der das Herz bildende Austausch von Blut und Atem gibt die leibliche Grundlage für ein seelisch-künstlerisches Erleben. Zugleich ist das Herz das Sinnes-Organ, das die Kunst unmittelbar aufzunehmen und zu verstehen vermag, ohne daß es vieler Erklärungen bedarf. Es ist Wahrnehmungsorgan für die leiblichen wie auch für die seelischen Vorgänge.

Das Sprechen als künstlerischer Akt

Die Sprache ist das vom Menschen-Ich ergriffene und verwandelte Blut-Atem-Geschehen, sie ist die Frucht der sich in uns abspielenden rhythmischen Prozesse, indem sie das ganze Menschenwesen auf einer höheren Stufe offenbart. Jedes Wort bildet aus der Begegnung zwischen oberer und unterer Menschennatur eine neue Einheit. Die sprachlichen Gegensätze Stimme und Lautgestalt, Vokal und Konsonant bilden im Atem-Geschehen ein Ganzes, das die Polarität der Gedanken und der Willensempfindungen überwindet. Wir können sagen, so wie die Kunst vermittelt zwischen Geist und Stoff, so ist das Wort das Ergebnis eines zwischen unserem Denken und Wollen vermittelnden künstlerischen Sprachprozesses. Die rhythmische Einheit des Wortes ist Ausdruck für die schöpferischen Kräfte der Seele, die sich in Umwandlung und Neuerschaffung als Künstler erlebt. Daß die Seele nicht in die Polarität zerfällt, ist dem künstlerischen Sprachweben zu verdanken, das aus «Seelentiefen und Weltgedanken» im Atemprozeß die Seelenfarben bildet.

Einatmung

Denken
Laute
WORT
Stimme
Wollen

Ausatmung

Sprechend greift das Menschen-Ich in diese rhythmischen Prozesse ein und verwandelt sie durch die Lautgestaltung. So wie der bildende Künstler den Stoff (Stein, Holz, Metall oder Farbe) mit den entsprechenden Werkzeugen bearbeitet, um ihm «Leben einzuhauchen», so bearbeitet der Sprechende seine Stimme und seinen Atemstrom. Auf den Zusammenhang zwischen der Stimme und unserem Blut wurde schon hingewiesen. Die Mittel zur Umwandlung des «Stoffes» sind die mit Recht so genannten Sprach-*Werk-*

zeuge – Zunge, Zähne, Gaumen, Lippen –, die wie Hammer und Amboß (denken wir zum Beispiel an die Gaumenstoß-laute G und K), mit Messer und Meißel (vergegenwärtigen wir uns die Zahn-Zungen-Zischlaute S, Z und Sch) oder wie mit einem feinen Pinsel (F/W) den Stimm- und Atemstrom nach den Gesetzen der Sprache bearbeiten. Der Sprechende ist so bis in die Leiblichkeit hinein *mit* sich selbst (Sprach-werkzeug) *an* sich selbst (Stimme und Atem) gestaltend tätig, er ist zugleich Stoff als auch das den Stoff bearbeiten-de Instrument. Indem der Sprachkünstler sich selbst be-arbeitet, entsteht das Wort, das auf einer höheren Stufe Ausdruck des ganzen Menschen ist.

Dieses künstlerische Geschehen spielt sich immer beim Sprechen ab, mit Sprachkünstler können wir hier jeden sprachebildenden Menschen bezeichnen. Er mag ein schlechter Künstler sein und mißlungene Kunstwerke her-vorbringen, dennoch lebt jeder Sprechende in einer künst-lerischen Schöpfertätigkeit, dadurch, daß er das Wort ge-staltet.

Sprechen heißt also künstlerisch tätig sein. «Wenn wir die Sprache mit irgend etwas vergleichen wollen, können wir sie nur mit dem künstlerischen Arbeiten verglei-chen.» Im Sprechen wird das Geschöpf zum Schöpfer sei-ner selbst. Die enge Verbindung zwischen dem Men-schen und seiner Sprache zeigt sich hier besonders deut-lich. Sie urständet darin, daß die Sprache selbst in einem künstlerischen Akt den Menschenleib so geformt hat, daß er zur Künstler-Werkstatt des Wortes werden konn-te. «Ehe der Mensch ein selbstbewußter Geist im heuti-gen Sinne war, war in ihm ein Künstler tätig, der als Sprachgeist gewirkt hat. Wir haben unser Ich hineinge-legt in eine Stätte, wo vorher ein Künstler seine Tätigkeit ausgeübt hat ... Was wir tun [beim Sprechen], das ist, daß wir von unserem Ich aus dasjenige in Bewegung setzen und formen, was durch die Luft in uns hineingeformt und hineingegliedert ist.»[32] Was der Sprachgeist durch die Luft in uns hineingeformt hat, das geben wir beim Sprechen der Luft zurück. Wir sind einbezogen in ein schöpferisches Geschehen, das den Menschen sowohl geistig wie leiblich umfaßt.

Das Element der Luft, das sprachlich unermüdlich bearbeitet wird, ist ein sehr bewegtes. Die Seele muß mit der Sprache mitfliegen, um sie gestalten zu können, und sie muß regelrecht zum Verwandlungskünstler werden, um die Luft unterschiedlich stoßend, wellend, wirbelnd oder blasend zu bearbeiten. Denn besteht das Alphabet auch aus 26 Buchstaben, so verwandeln sich diese doch ständig durch die Verbindung der einzelnen Laute miteinander. Mit jedem Laut entsteht ein anderes Bild, ein anderer Klang in der Seele, der sich unaufhörlich umgestaltet, je nach dem Zusammenhang, aus dem heraus er gebildet wird. Wir erleben und sprechen zum Beispiel ein L gänzlich unterschiedlich, je nachdem, mit welchem Vokal es verbunden wird. Sprechen wir die Wortfolge «laben, leben, lieben, loben» aus der Lautempfindung heraus, so können wir bemerken, wie der Wellenschlag der Zunge das L einmal ausladend, dann lebhaft, zielgerichtet und schließlich gerundet bildet. Gleichermaßen richtet sich die Lautbildung nach der Wortgebärde, die sich ausdrücken will: Ganz anders bilden die Lippen den Verschlußlaut B, ob sie «Berg» oder «bitte» sagen. Mit der Stimme modulieren wir an der jeweiligen Stimmung, die jedes Wort in unserem Herzen anregt.

Die Kraft für die im Sprachprozeß notwendigen Umwandlungen lebt im menschlichen Atem, einem «Stoff», der uns nicht fremd ist, sondern unser innerstes Wesen in sich trägt. Etwas von dieser Stimmung finden wir wieder in dem Gedicht ‹Proteus› von Friedrich Hebbel:

> *Was oben und unten in Fülle und Kraft*
> *Die ewige Mutter erschuf und erschafft,*
> *Sie hat es in Formen, in steife gehüllt,*
> *In starrende Normen das Leben gefüllt.*
>
> *Und wie's in den Formen auch brauset und zischt,*
> *So bleibt es doch immer mit Erde gemischt,*
> *Nie kann sich's entreißen der dumpfen Gewalt,*
> *da wird es so trübe, da wird es so kalt.*
>
> *Doch mich hat sie nimmer gebannt in den Ring,*
> *Mit welchem sie grausam die Wesen umfing,*
> *Ich steige hinunter, ich steige empor,*
> *Nach eignem Behagen im wirbelnden Chor.*
>
> *Ich schlürfe begierig aus jeglichem Sein*
> *Mit tiefem Entzücken den Honig hinein,*
> *An keines gebunden, muß jedes mir schnell*
> *Die Pforten entriegeln zum innersten Quell.*
>
> *Ich bin's, der die Welle des Lebens bewegt,*
> *Der ihre gewaltigste Strömung erregt,*
> *Und dann, was sie innerlich eigen besitzt,*
> *Enteilend, ins dürstende Weltall verspritzt.*
> …

Will der Sprechende mit einem L wirklich mitwellen, dann muß er das Feste in sich in Bewegung bringen und Luft und Wärme verdichten. Wird der Luftlaut R gebildet, dann müssen die unteren Elemente im Menschen durchlässig werden und von oben her durchwärmt werden. Wird ein Stoßlaut gesprochen, dann wird das Flüssige,

Luftige und Feurige im Sprechenden in die Formung geführt, so daß erlebt werden kann, wie zu allem Geformten und Festen auch die Phasen des Entstehens und Vergehens gehören.

Entschließt sich der Mensch nun, über das bloße Miterleben des alltäglichen Sprechens hinauszugehen und die ursprünglich in ihm lebenden sprachkünstlerischen Kräfte bewußt zu ergreifen, so kann er in eine sprachliche Schulung eintreten. Im Einzel- oder Gruppenunterricht oder im Rahmen einer Ausbildung wird er lernen, Seele und Leib in ein der Sprache gemäßes Gefäß umzuarbeiten. Der innere Zugang zur Sprache ist hier ein anderer als der des Patienten. Dieser wird vom Arzt geschickt, weil er die heilenden Kräfte der Sprache braucht und diese vorerst seiner Leiblichkeit zugeführt werden sollen. Jener geht nun aus freiem Willen der Sprache entgegen, um sich in diese hineinzuverwandeln. Durch diesen vom Ich ohne äußere Notwendigkeit gefaßten Entschluß wird der Übungsweg der Sprachgestaltung gleichzeitig zu einem esoterischen Schulungsweg (siehe Kapitel 6).

Ausgangspunkt für alles sprachkünstlerische Üben sind die Laute, die «göttlichen Lehrmeister». Im Klären der Lautbildung und im Abtasten der Silben beginnt der Mensch, zunächst seine Sprachwerkzeuge geschmeidig zu machen. So nimmt die Schulung mit den fünf Artikulationsübungen ihren Anfang; die erste Übung lebt noch ganz im einsilbigen Wort:

> *Daß er dir log*
> *uns darf es nicht loben*

Hat der Mensch sich eine sichere Lautbildung erworben, so wird er mit den beiden im vorigen Kapitel beschriebenen Atemübungen in die rhythmischen Sprachprozesse geführt. Der Fall in die Luft und die Führung des Atems werden geübt. Die sich nun anschließenden Geläufigkeits-übungen wirken wie Zungenbrecher. Durch die verstärkte Sprachbewegung, die von den komplizierten Konsonan-tenverbindungen angeregt wird, lernt der Sprechende, sich seelisch-geistig in die Lautbildung hinein zusammen-zuziehen, damit er nicht aus dem Sprachgeschehen her-ausgeworfen wird, stolpert oder sich verspricht. Geistes-gegenwart und innere Wendigkeit werden in diesen sprachlichen Turnübungen erworben. Die Stimme löst sich verstärkt hinein in die Luft, da die Lautbildung nun immer selbständiger und müheloser vonstatten geht:

> *Lalle Lieder lieblich*
> *Lipplicher Laffe*
> *Lappiger lumpiger*
> *Laichiger Lurch*

Oder wir üben:

> *Marsch schmachtender*
> *Klappriger Racker*
> *Krackle plappernd linkisch*
> *Flink von vorne fort*
> *Flink von vorne fort*
> *Krackle plappernd linkisch*
> *Marsch schmachtender*
> *Klappriger Racker*

Erst jetzt, nachdem die Sprachwerkzeuge lautlich durch-gearbeitet worden sind, der Mensch gelernt hat, aus rhythmischen Atemprozessen heraus zu sprechen und sich an den Geläufigkeitsübungen eine seelische Be-wegungsdynamik auf leiblich-rhythmischem Untergrund erarbeitet hat, beginnt die Schulung der Stimme. Die Bewegung der Vokale ist viel schwieriger als die der Konsonanten zu erreichen, der Sprechende darf nicht im Ton stecken bleiben, sondern muß diesen in die Luft hinein lösen. Eine unterschiedliche innere Haltung verlangt jeder Vokal, die Seele muß ihr Innerstes mit ihm verbinden. Dieses geschieht durch die «Stellung» der Stimme an den dem Vokal entsprechenden Ort. Der Weg durch die Vokalreihe hindurch vom hinteren Gaumen bis auf den äußeren Lippenring kann erlebt werden an folgender Stimmstell-Übung:

> *Lalle im Ost-Sturm*
> *Lalle im Ost*
> *Gänöbü*
> *Uf*

Mit diesen vier Übungsgruppen werden leibliche Voraussetzungen geschaffen für ein selbstloses künstlerisches Mitempfinden der Sprache. Die sich anschließenden Übungen haben einen mehr qualitativen Charakter und steigern die künstlerische Empfindung und Beweglichkeit. Zugleich wird an den unterschiedlichen Dichtungen so gearbeitet, daß der Sprechende seine Seele immer mehr der Sprache gemäß zu verwandeln lernt. Im Erüben der Rhythmen, im Erleben der drei sprachlichen Stile Epik, Lyrik und Dramatik, für die je ein unterschiedlicher Sprechansatz notwendig ist, im Mitempfinden der deklamatorischen und rezitatorischen Elemente und im Nachschaffen der Bilder erwirbt sich der Mensch ein immer umfangreicheres künstlerisches Können.

Dichtung – das sprachliche Kunstwerk

Der Philosoph Johann Georg Hamann (1730 – 1788) nennt die Poesie «die Muttersprache des menschlichen Geschlechts; wie der Gartenbau, älter als der Acker.» Mag unsere Alltagssprache auch prosaisch geworden sein, so dürfen wir doch nicht vergessen, daß dies nicht immer so war und daß der Mensch und sein Wort eine Entwicklung durchgemacht haben, welche die Poesie in die Prosa hineingebannt hat. Uns auf Hamann beziehend können wir sagen, daß wir unsere Muttersprache verlernt haben, wenn uns der poetische Gehalt unserer Sprache verlorengegangen ist.

Der Dichter schafft aus den gleichen Elementen, aus denen sich die Alltagssprache zusammensetzt, ein plastisch-farbig-klingendes Gesamtkunstwerk. Er verändert nicht die Sprache, derer wir uns alle bedienen, sondern er steigert nur die in ihr vorhandenen künstlerischen Elemente und entzaubert so die Poesie aus dem prosaisch gewordenen Wort.[33] Der Silbenschritt befreit das Wort aus seiner Verstandes-Bindung und läßt es durch die sprachlichen Kunstmittel, die in Lautgestaltung, Rhythmus, Bildhaftigkeit, Sprachmelodie und Reim leben, zu seiner wahren Entfaltung kommen. So ersteht vor uns die aus der dichterischen Sprache geschaffene Welt, sie formt sich anschaulich vor unserer Seele, sie beengt oder befreit uns, läßt uns erstarren oder bringt uns in Bewegung. Diese aus Lauten geschaffenen, im rhythmischen Silbenschritt atmenden Bilder können in einer Farbigkeit aufleuchten, welche die der äußeren Welt übertrifft. Mit allen Sinnen können wir eintauchen in das Sprachgeschehen, das nun künstlerisch das in der Sprache lebende Künstlerische offenbart.

Einen wunderbaren Durchgang durch die Lautelemente haben wir, wenn Goethe den Lauf des Wassers aus den vier Lautgruppen heraus dichtet: Der Quell schäumt und versprüht sich im Blaselaut, beginnt mit dem L zu wellen, schließlich im R zu rollen und unruhig zu werden, bis er an den Stoßlauten den Widerstand des Gesteins erfährt:

Gesang der Geister über den Wassern

Des Menschen Seele
Gleicht dem Wasser:
Vom Himmel kommt es,
Zum Himmel steigt es,
Und wieder nieder
Zur Erde muß es,
Ewig wechselnd.

Strömt von der hohen
Steilen Felswand
Der reine Strahl
Dann stäubt er lieblich
In Wolkenwellen
Zum glatten Fels,
Und leicht empfangen
Wallt er verschleiernd,
Leisrauschend
Zur Tiefe nieder.

Ragen Klippen
Dem Sturz entgegen,
Schäumt er unmutig
Stufenweise
Zum Abgrund.
...

Wie tief verändert sich unser ganzes Lebensgefühl, je nachdem mit welchem Rhythmus der Dichter die Sprache sich
bewegen läßt. Der Rhythmus befreit die Sprache aus ihrer
statisch gewordenen Festigkeit und führt sie wieder dem
Lebendigen zu, indem er – der jeweiligen Dichtung gemäß –
in Längen und Kürzen, Hebungen und Senkungen die zu-
sammenziehenden und lösenden Bewegungen alles Lebendigen nachschafft und so die Inhalte und Bilder unmittelbar
an das menschliche Blut- und Atemgeschehen anschließt.
Zwei Beispiele von Joseph von Eichendorff, das erste im
steigenden, das zweite im fallenden Rhythmus geschrie-
ben, mögen verdeutlichen, wie unterschiedlich ein ähnlicher Inhalt in der Seele leben kann:

Mondnacht

Es war, als hätt' der Himmel
˘ — ˘ — ˘ — ˘

die Erde still geküßt,
˘ — ˘ — ˘ —

daß sie im Blütenschimmer
˘ — ˘ — ˘ — ˘

von ihm nun träumen müßt.
˘ — ˘ — ˘ —

Die Luft ging durch die Felder,
die Ähren wogten sacht,
es rauschten leis die Wälder,
so sternklar war die Nacht.

Und meine Seele spannte
weit ihre Flügel aus.
Flog durch die stillen Lande,
als flöge sie nach Haus.

Leichtigkeit und tröstende Zuversicht fliegen durch die Zeilen dieses Gedichtes, während das andere trotz der träumerischen Stimmung eine gewisse Schwermut, ein Lastendes vermittelt:

Die Nachtblume

Nacht ist wie ein stilles Meer,
— ‿ — ‿ —‿ —

Lust und Leid und Liebesklagen
— ‿ — ‿ —‿ —‿

kommen so verworren her
— ‿ — ‿ — ‿ —

in dem stillen Wellenschlagen.
— ‿ — ‿ — ‿ — ‿

Wünsche wie die Wolken sind,
schiffen durch die stillen Räume,
wer erkennt im lauen Wind,
obs Gedanken oder Träume? –

Schließ ich nun auch Herz und Mund,
die so gern den Sternen klagen:
Leise doch im Herzensgrund
bleibt das linde Wellenschlagen.

Jeder Satz hat seine eigene Melodie – er bekommt eine andere Aussage, je nachdem, ob wir die Stimme heben oder senken. Ein besonderes Melos finden wir zum Beispiel im Wechselspiel von Frage und Antwort:

Kinderlied

Wo wohnt der liebe Gott?
Im Graben, im Graben!
Was macht er da?
Er bringt den Enten s'Schwimmen bei,
Damit sie auch was haben.

Wo wohnt der liebe Gott?
Im Stalle, im Stalle!
Was macht er da?
Er bringt dem Kalb das Springen bei,
Damit es niemals falle.

Wo wohnt der liebe Gott?
Im Fliederbusch am Rasen!
Was macht er da?
Er bringt ihm wohl das Duften bei
Für unsre Menschennasen.

Wolfgang Borchert

Das Bild in der Sprache berührt uns jenseits des Verstehens, indem es uns eine Stimmung vermittelt, die eine größere Aussagekraft hat als jede prosaische Erklärung. Besonders die Lyrik der Gegenwart arbeitet mit dem Bild. So regt zum Beispiel der Begriff «Zeit» eine Fülle unterschiedlicher Stimmungen in uns an, je nachdem in welches Bild er gekleidet wird:

Qual, Zeitmesser eines fremden Sternes,
Jede Minute mit anderem Dunkel färbend …

Nelly Sachs

Zeit mit rostiger Sense,
Spät erst zogest du fort,
den Hohlweg hinaus, den ich einst ging ...
                    Peter Huchel: In der Heimat

An den langen Tischen der Zeit
zechen die Krüge Gottes.
Sie trinken die Augen der Sehenden leer
                und die Augen der Blinden ...
                    Paul Celan: Die Krüge

So wie der Dichter das Wort verwandelt und es wieder seinem poetischen Ursprung zurückgibt, so verwandelt das künstlerisch empfundene und gestaltete Wort beim Sprechen nun wiederum den Menschen.

Hier beginnen sich die Gebiete Kunst und Therapie zu durchdringen. Voraussetzung dafür ist aber, daß sich das Dichterwort in der Luft als Gestalt und Klang offenbaren kann, so daß es über das Ohr wiederum künstlerisch auf den Menschen zurückzuwirken vermag. Sprache will gesprochen werden und nicht nur gelesen, den Gedanken nach wahrgenommen werden.

Wie in einem Samenkorn schlummert in der Alltagssprache verborgen die Poesie. Aus dem alltäglichen Satz: Es wird Nacht – läßt der Dichter Eduard Mörike ein mehrstrophiges Gedicht hervorwachsen:

Um Mitternacht

Gelassen stieg die Nacht ans Land,
Lehnt träumend an der Berge Wand,
Ihr Auge sieht die goldne Waage nun
Der Zeit in gleichen Schalen stille ruhn;
  Und kecker rauschen die Quellen hervor,
  Sie singen der Mutter, der Nacht, ins Ohr
  Vom Tage,
  Vom heute gewesenen Tage.

Das uralt alte Schlummerlied,
Sie achtet's nicht, sie ist es müd;
Ihr klingt des Himmels Bläue süßer noch,
Der flücht'gen Stunden gleichgeschwung'nes Joch.
  Doch immer behalten die Quellen das Wort,
  Es singen die Wasser im Schlafe noch fort,
  Vom Tage,
  Vom heute gewesenen Tage.

Wir können spüren, daß die Nacht im Jambus leichtfüßig und nicht schwerfällig sich niedersenkt, jedoch die vielen A-Laute ein ruhiges, weites Ausatmen in der Seele anregen, die durch die vokalnahen Konsonanten L, N und M noch gesteigert werden. Durch das Bild, das die Nacht wesenhaft entstehen läßt – sie bewegt sich, sie vermag zu träumen –, wird der Mensch in eine Stimmung versetzt, die über die bloße Information, daß es Nacht wird, hinausführt, und die durch den Rhythmus und Reim eine musikalische Vertiefung erfährt.

Von den künstlerischen Sprachkräften kann sich der Mensch anregen lassen, Phantasie zu entwickeln, so daß aus einer mageren Feststellung wie: Dort steht ein Baum;

oder: Auf dem Wasser schaukelt ein Schiff – eine ganze Geschichte «hervorgezaubert» wird. Auch hier kann die Atemqualität der Sprache wahrgenommen werden, sie vermag sich auch mit dem Bild zu weiten oder zusammenzuziehen, wie es in den kurzen und langen Silben der Fall ist.

Jeder Mensch, der sein Augenmerk auf die Sprache und das Sprechen zu richten beginnt, kann die künstlerischen Elemente auch in der Alltagssprache nachempfinden. Aus dem göttlichen Wort ist die Welt geschaffen worden, sprechend bildet der Mensch sie nach. Beiden liegt ein gleicher schöpferischer Prozeß zugrunde. Der Begriff *deutet* auf den hinter jeder Erscheinung liegenden Gedanken. Im Sprechen *schaffen* wir die Erscheinungen im Element der Luft nach, verleihen ihnen lautliche Gestalt, seelische Färbung und innere Musikalität.

So wie sich das Schöpferwort gewissermaßen verdichtet hat in die Weltenschöpfung hinein, so ist es der sprechende Mensch, der die Schöpfung wiederum zurückführt in die Sphäre des Wortes.

Die heutige Zivilisation ist bestrebt, die Dichtung möglichst der Alltagssprache gemäß zu handhaben. Aber auch ein umgekehrter Weg wäre denkbar, der die Alltagssprache auf eine künstlerische Ebene hebt, so daß sie der Poesie, die ihrem eigentlichen Wesen entspricht, wieder ähnlicher wird. Beim Kind kann man noch erleben, wie es ganz unbefangen aus einer künstlerischen Empfindung heraus die Worte bildet. Wie herausfordernd läßt es ein p-atzig auf den Lippen zerplatzen, wie genießerisch durchschmeckt es das Wort schmmmatzen, wie innerlich breit wird es, wenn es sprachlich einen Klummmppen formt, wie zart verströmt es seine Seele im liebkosenden ei, ei, oder im Ausruf süüüüß! Nicht nur die Sprache der

Dichter, sondern auch das alltägliche Wort ist ein Kunstwerk und kann als dieses erlebt werden, wenn sich die Seele darauf einläßt, seine Form und seinen Klang nachzuempfinden. Beginnt der Mensch, seine Alltagssprache vom Laut her zu erneuern, indem er dem Kinde ähnlich die Lautbildung wie schmeckend seelisch begleitet, so wird sich daran auch ein Gefühl entwickeln für die anderen sprachkünstlerischen Elemente, Rhythmus, Melos und Bild. Vom Laut ausgehend kann die Alltagssprache künstlerisch erneuert und das Sprechen selber als kreativer Prozeß erlebt werden:

Was ich tat, und was ich tue,
o, wie weit ist es vom Wort.
Denn das Wort geht durch die Ruhe,
und die Ruhe ist mir fort.

Dieses kleine Samenkorn
ist vom ganzen All gebaut.
Es genügt, beginne vorn
bei der Liebe zu dem Laut.

Albert Steffen

Gerade weil die Sprache, wie anfangs beschrieben, die einzige Kunst ist, die uns in jeder Situation des alltäglichen Lebens begleitet, trägt sie den Keim in sich, der die Kluft zwischen Alltagsmensch und Kunst zu schließen vermag. Immer schwerer ist es dem heutigen Menschen geworden, die Seele aufzuschließen für ein künstlerisches Erleben, sie empfänglich zu machen für den geistigen Ursprung der Künste. Das Wesen der Kunst ist es, eine lebendige Brücke zu schlagen zwischen der materiellen und der geistigen Welt. Wer aber hilft dem Menschen, eine Brücke zu bilden zwischen seinem Alltagsleben und der Kunst? Dieses vermag die Sprache, die mit der einfachsten Wortbildung geistig-künstlerische Prozesse im Menschen anregt.

Es ist nicht ohne Bedeutung, daß die Sprache so herausgefallen ist aus ihrem ursprünglich schöpferisch-künstlerischen Zusammenhang. Es gehört zum Wesen des Wortes, das den Menschen geschaffen hat, daß es diesem auf seinem Abstieg in seine immer stärkere Erdgebundenheit gefolgt ist. Es hat keine Sonderstellung außerhalb des alltäglichen menschlichen Lebens bezogen, sondern ist vom Schöpferwort in die Alltagssprache hineingestorben. Täglich läßt es sich tausendfach entwürdigen und mißbrauchen und seines geistigen Ursprungs berauben. Und doch trägt es in sich verborgen und unzerstörbar sein ursprünglich künstlerisches Wesen, das den Menschen zu eigener Schöpfertätigkeit befähigt.

6

Das Leben der Seele in der Luft –
Der Weg über die Schwelle

Das Erleben des Wortes führt zu Intimitäten
des geistigen Erkennens, die wie eine
Entsiegelung wirken der im Menschen
verborgenen Geheimnisse. Der Mensch tritt
uns hier entgegen seinem innersten Wesen
nach, aus den Urgründen des ihn erschaffen-
den Seins heraus, so wie ihn zusammenge-
fügt haben die richtungsgebenden Kräfte der
Wandelsterne, der Planeten, der Ruhesterne,
des Tierkreises, die in den Lauten ihre
Zeichen, in den Zeichen ihre Siegel haben.
Ergreifen wir ihr zusammenfassendes
Erklingen innerhalb der dem Menschen
durch die Götter gegebenen Sprache, so
erleben wir neue Bewußtseinszustände.[34]

Marie Steiner

So wie wir die heilenden und künstlerischen Sprachimpulse bis in die menschliche Leibesorganisation hinein
verfolgen konnten, so finden wir außerdem im rhythmischen System die physischen Voraussetzungen für eine
Erweiterung des Bewußtseins. Das Blut-Atem-Geschehen
bringt dem Leib Heilung und regt die Seele zu künstlerischer Schöpfertätigkeit an. Dem Geist aber wird ein Tor
gewiesen, durch welches er sich aus der Leibgebundenheit
befreien kann.

Zu allen Zeiten haben die verschiedenen okkulten Strö-
mungen Atemübungen zur Grundlage ihrer Schulung
genommen. Wissend, daß sich der Mensch im Atem ständig vergeistigt, indem er seine Stofflichkeit auflöst, wur-

den diese Vorgänge durch entsprechende Übungen gesteigert und beschleunigt. Häufig verliert der Mensch aber so den Bezug zu seiner Leiblichkeit und zu seinen Erdenaufgaben, wenn er sich zu sehr an die Prozesse der Luft hingibt. Im anthroposophischen Schulungsweg der Sprachgestaltung haben wir die Möglichkeit einer Bewußtseinserweiterung, die durch die Sprache geschützt und gehalten wird. Der Schüler weist seinen physischen Leib nicht zurück, sondern ergreift ihn verstärkt, um ihn zu *verwandeln*. Er verliert sich nicht im Luftgeschehen, sondern lernt, sich auf dieses zu stützen, indem er es mit der Sprache schrittweise abtastet. Aus den Lauten bildet er sich eine neue Leiblichkeit, die ihn vor der Auflösung bewahrt. Der Mensch bleibt frei und ist bewahrt vor verhängnisvollen Abhängigkeiten: *Die Sprache* führt den Menschen die Stufen hinauf, die für eine Höherentwicklung gegangen werden müssen. Sie macht ihn fähig, bei vollem Bewußtsein im «Nichts» der Luft zu leben. So ist die Sprachgestaltung ein gesunder und zeitgemäßer Schulungsweg, der sich auf den im vorigen Kapitel beschriebenen Gleichgewichtsprozessen des Leibes abstützt und auch in der Atmung jede Vereinseitigung vermeidet. Von besonderer Bedeutung ist es, daß der Mensch nicht direkt in das Atemgeschehen eingreift, sondern durch die Hingabe an die Sprache die Atemprozesse von dieser verwandelt werden. Er beginnt so ein bewußtes Leben *im* Atem, statt diesen zu benutzen, um den Leib zu verlassen. Versuchen wir nun nachzuvollziehen, welche esoterischen Gesetzmäßigkeiten im künstlerischen Schulungsweg der Sprachgestaltung enthalten sind.

Jedes Wort ist ein Schritt über die Schwelle. Große Geheimnisse liegen im Übergang vom empfundenen, gewollten, gedachten zum *ausgesprochenen* Wort. Die

Begrenzung des Leibes wird aufgehoben, der Raum wird zur Zeit. Das Gesetz der Schwerkraft gilt nicht mehr: Das Wort hat Flügel und vermag auf diesen die Seele in der Luft zu tragen. Soweit die Stimme reicht, können wir mit den Worten wirken, ohne den physischen Ort, an dem wir stehen, zu verändern. Mit jedem Wort begibt sich ein Teil von uns außerhalb des Leibes und findet sich dort auf einer anderen Ebene: Die Luft trägt das Wort wie die Erde unseren Leib trägt; die Laute bilden eine neue Hülle für die sich erweiternde Seele. Dieses geschieht in der Alltagssprache gänzlich unbewußt. Begleiten wir aber mit unserem Bewußtsein und unseren Empfindungen Wort für Wort, Silbe für Silbe und womöglich Laut für Laut in der Luft, so erfahren wir auf einer ersten Stufe, welche Erweiterung unseres Bewußtseins durch die Sprache möglich werden kann. Die Worte «Versfuß» und «Silbenschritt» zeugen noch davon, daß Sprache ein Schreiten in der Luft ist. Es ist schwer, diesen Prozeß in Wachheit mitzuvollziehen. Das alltägliche Sprechen begnügt sich im besten Fall mit einem «Auf-der-Stelle-Treten», Wort und Silbe werden sozusagen «aufeinander» und nicht in einem bewußten Nacheinander gesprochen. Meistens aber werden die unbetonten Silben wieder zurückgenommen, so daß, wenn wir beim Bild des Schreitens bleiben, wir sprachlich einen Schritt vor und einen zurück gehen. Oft genug werden die letzten Worte eines Satzes wie zurückgenommen gesprochen und versickern schließlich im eigenen Leib. So bleibt die Seele an diesen gebunden, und die Erweiterungs- und Vertiefungsmöglichkeiten unseres Menschseins bleiben ungenutzt, wenn die Seele den Schritt über die Schwelle des Mundes nicht mitvollzieht und mit Bewußtsein begleitet. Denn jeder Schritt von mir fort wird auf der Ebene der Luft ein Schritt zu mir hin. Es ist dieses ein *Fort*schreiten im Sinne der Entwicklung, um das es sich hier handelt, ein Überwinden und Verwandeln des Alten, Vergangenen, allzu Festen in uns. Es ist auch ein Schritt vom Subjektiven der Persönlichkeit hin zur Befreiung der Individualität.

Der Verzicht darauf, die Sprache an den Leib zu binden und statt dessen mit der Seele in der Luft zu leben, ist Sterben und Werden zugleich. Dieses wird nachvollziehbar, wenn wir eine Gebärde, zum Beispiel ein Deuten auf einen Gegenstand, stumm ausführen, dann die Sprache hinzunehmen und schließlich die Willensgeste *ohne* Leibesgebärde in der Sprache *hörbar* werden lassen. Sprechen ist unter dem Aspekt des Wortes gesehen ein Gestikulieren, im Mitbewegen der Silbe ein Schreiten, im Hinblick auf den Laut ein Eurythmisieren in der Luft. «Die Sprache als gestalteter Gestus ist daher das Höchste, weil der Gestus hinauf vergeistigt ist.»[35]

Ein Vortrag von Rudolf Steiner trägt den Titel *Vom Leben der Seele im Atmungsprozeß.*[36] Eindringlich wird hier geschildert, wie die Seele ihren Lebensbereich in der Luft hat, im Physischen dagegen nur dem Tod verfallen kann. «Die Erde gestattet Ihnen nicht, daß Sie leben. Sie müssen sich als heutiger Mensch herausheben in die Luft, damit Sie leben können ... Wir leben eigentlich nur dadurch, daß wir fortwährend in der Atmung geschützt sind vor der Erde und ihren Einflüssen – Würden wir der Erde fortwährend ausgesetzt sein, würden wir immer krank sein – Sie leben gar nicht in Ihrem Körper mit Ihrer Seele, Sie leben in der Atmung mit Ihrer Seele.» Die Sprachgestaltung ist ein Schulungsweg für dieses Leben der Seele in der Luft.

Das Ich in der Sprache – Aufruf zur Wandlung

Wenn das Menschen-Ich die Sprache bewußt ergreift, ergreift es seine höhere Ich-Wesenheit. Diese durchstrahlt beim Sprechen den Seelenleib, wandelt und moduliert ihn, je nach Intensität des Übens. Von dort gehen dann die Impulse weiter an den Lebensleib und den physischen Leib. Indem der Seelenleib vom Ich ergriffen wird, wird er wieder zum Träger der kosmischen Sternenkräfte.

Beginnt der Mensch, den Schulungsweg der Sprachgestaltung zu gehen, löst er sich aus seinen Gewohnheiten heraus und wird ein Übender. Er wird zu einem sich selbst aus freiem Willen bestimmenden Wesen, das nicht äußere Notwendigkeiten, sondern innere Einsichten zur Handlung anregen. Dieses ist die Voraussetzung jeder meditativen Arbeit.

Unterschiedliche Empfindungen können entstehen, wenn der Mensch sich das Sprechen, das er ja seit seinem dritten Lebensjahr «beherrscht», neu und bewußt erübt. Zum ersten Mal hört er sich selber zu, lauscht hin auf seine Stimme, nimmt wahr, wie unterschiedlich er die Laute bildet, und achtet auf seinen Ausatmungsstrom. Um sich selber zuzuhören, muß er sich aber herauslösen aus seiner Alltagspersönlichkeit, muß Abstand bekommen zu dem, was er bis zu diesem Augenblick gewesen ist. Hilflosigkeit, Einsamkeitserlebnisse, ja Scham können diese erste *bewußte* Begegnung mit der eigenen Sprache begleiten: Das Gespräch mit dem Menschen in uns hat begonnen.

Mehr oder weniger ist jeder Mensch ein geronnenes Produkt seiner Vergangenheit. Bis in die Sprachgewohnheiten hinein hat sich verfestigt, was wir mitgebracht haben aus einem früheren Erdenleben, was wir durch Erbteil, Erziehung, Elternhaus, Bildung und geographisches Umfeld übernommen haben. Und wir beginnen zu ahnen, daß wir dieses alles *nicht* sind, und können uns, an der Sprache orientiert, aufmachen auf die Suche nach unserem wirklichen Wesen. Dazu ist es notwendig, das Gewordene in uns in ein Werdendes umzuwandeln. Die Selbsterkenntnis beginnt und weckt im Menschen immer neu die Bereitschaft zur Wandlung. So steht am Anfang des sprachlichen Schulungsweges der johanneische Seelenaufruf: Ändert Euren Sinn.

Die zweite Stufe: Der Verzicht

Hat ein Mensch sich im Laufe seines Lebens Vorstellungen über die Sprache gebildet, so mögen diese Vorstellungen sein Interesse oder seine Begeisterung für Laute und Rhythmen, für Klang, Farben und Bilder der Dichtungen geweckt haben. Voll guten Willens beginnt er nun, an seiner Sprache zu arbeiten, und muß erleben, wie hinderlich seine Vorstellungen, Empfindungen und selbst seine Gutwilligkeit sein können, wie sie immer wieder überwunden, hingeopfert werden müssen, damit er von seinen Sprechgewohnheiten zur Geistigkeit der Sprache vordringen kann.

Die Vorstellungen dem Laute gegenüber erweisen sich oft als zu eng, zu klein und zu festgelegt, sie müssen erst vom Intellekt losgelassen und in unaufhörliche Bewegung und Farbigkeit umgesetzt werden. Erst wenn wir die Laute von unseren Vorstellungen ablösen in ein tätiges, nachschaffendes Erleben, können wir uns dem Wesen Sprache nähern.

Ebenfalls ist ein Verzicht notwendig, wenn wir auf unsere Gefühle für die Sprache aufmerksam werden. Hier haben wir uns die Frage zu stellen, ob wir unsere Empfindungen für den Laut oder den Laut selber aussprechen. Allzu oft stellt sich die Begeisterung für die Sprache als Selbstliebe heraus, als Freude an der eigenen klingenden Stimme, der eigenen Schöpferkraft. Nicht meine Liebe zum Lautgeschehen, die vorwiegend in der Stimme in den Vokalfärbungen hörbar wird, sondern der Laut selber soll aber wesenhaft erscheinen. Er wird im sprechenden und zuhörenden Menschen Empfindungen anregen, die dieser aus sich selber heraus gar nicht hervorbringen kann. «Wie arm erscheinen wir uns selbst mit unserem engen Gefühlsleben, verglichen mit dem Reichtum, den wir erfassen durch das Untertauchen in objektives Weltenleben. Und Wege zu diesem Erfassen weist uns die Sprache. Denn in ihr berufen wir die göttlichen Kräfte, die uns erschaffen haben und die unsere Meister und Führer sind.»[37] Ernüchterung den eigenen Empfindungen gegenüber muß in die Menschenseele einziehen, damit sie zu Größerem heranreifen kann.

Noch schwerer ist es, den physischen Anteil des Wollens zurückzunehmen und diesen zu vergeistigen in eine durch-ichte astrale Tätigkeit. Beim Sprechen ergreift der Wille nicht den physischen Leib und führt diesen zur Tat, sondern er vergeistigt sich zur Gebärde, zur Schöpfertätigkeit in der Luft. Wenn das Gleichgewicht zwischen Eigenwillen und Sprachgeschehen nicht stimmt, wird dies als Druck auf die Sprachorgane und die Atmung hörbar.

Wollen wir uns von der Sprache schulen lassen, so müssen wir unsere subjektiven Denk-, Fühl- und Willensgewohnheiten immer wieder neu hinopfern, damit ein Höheres in uns zu Worte kommen kann. Die Vorstellungen müssen in Bewegungen umgesetzt werden, die Gefühle sich vom Laut anregen lassen, und der Wille muß hörbar statt sichtbar werden. Sind Stimme und Atem so gereinigt von der eigenen Befangenheit, daß sie sich der Sprache zur Verfügung stellen und die Laute ihnen gemäß wie ein Gefäß für Höheres gebildet werden, dann kann der ganze Mensch Instrument des Weltenwortes werden, das ihn erschaffen hat.

So ist auf dieser Stufe die Ich-Tätigkeit die des Zurücknehmens, Verzichtens und Opferns. Je ichhafter ich sprechen möchte, desto mehr muß ich lernen, mit dem Nicht-Ich umzugehen: Nicht meine Vorstellungen, nicht meine Empfindungen und mein Eigenwille werden dann hörbar, sondern das Wesen Sprache und seine Gesetze. «Einiges opfern, damit das andere werden kann. Es ist das Gesetz des Seins – auch des Künstlerischen – auch des Menschlichen. Es entsteht nichts ohne Opfer.»[38]

Es ist berechtigt, an dieser Stelle den Einwand zu erheben, daß es doch nicht Ziel einer gestalteten Sprache sein könne, daß der Mensch gänzlich aus ihr vertrieben würde und alles Sprechen in einen objektivierten, uniformen Gleichklang münden solle. Hier gilt es, sich klarzumachen, daß ja meine Vorstellungen, meine Gefühle und Willensimpulse ebenfalls gewordene, geronnene Produkte meiner vergangenen Erdenleben, meiner Zeit, meines Erdenanteils sind. Sie sind vorgeprägt, und wir dürfen nicht dem Irrtum unterliegen, den subjektiven Anteil unseres Wesens mit unserer Individualität zu verwechseln. Je mehr wir unser Subjektives überwinden, desto freier und mächtiger erblüht uns das Individuelle! Im wahrsten Sinne des Wortes wird uns hier der vermeintliche Verlust zum «Gewinn», denn nur das geben wir hin, was uns vom Geistigen trennt, was irdischer Natur ist. Es ist dieser Vorgang aber nicht ein Verdrängen, sondern ein Erneuern, nicht ein Zurücklassen, sondern ein Umwandeln des Menschen bis in seine Leiblichkeit hinein.

Diese, die einst durch das Wort gebildet wurde, beginnt wieder Wort zu werden. Indem wir die Sprache aus unseren Hüllen befreien, indem wir das im Raum Geronnene im Zeitenstrom bewegen, werden wir vom Geschöpf zum Schöpfer des Wortes. Ein Teil des Sprechenden muß bereit sein für Wandlung und Tod, damit das Wesentliche auferstehen und leben kann. So ist Sprachgestaltung ein ständiger Vergeistigungsprozeß in die Luft hinein. Ohne die Stützen unserer Gewohnheiten, ohne den Halt unseres physischen Leibes müssen wir, über die Schwelle des Mundes tretend, in der Luft ein neues Leben beginnen: «Im Sprechen ist die Auferstehung des in der Gebärde verschwundenen Menschen.»[39]

Die dritte Stufe:
Vereinigung mit der Sprache durch Mitbewegung

Die Fähigkeit, sich in der Luft halten zu können, ist nur durch gesteigerte Bewegung zu erringen. So wie der Schwimmer untergeht, wenn er aufhört, seine Arme und Beine zu bewegen, so trägt die Luft unsere sprachumkleidete Seele nur durch innere Regsamkeit. Wir stürzen ab, das heißt wir fallen auf uns selbst zurück, wenn wir nicht lernen, in großer Seelenlebendigkeit das Entstehen und Vergehen jedes Lautes, den unaufhörlichen Wechsel von Greifen, Loslassen und neuem Greifen, das Mitschreiten von Silbe zu Silbe, von Laut zu Laut und das Nachschaffen von Bildern und Rhythmen zu begleiten. Das

Wesen Sprache kann sich uns erst offenbaren, wenn wir den ungeheuer bewegten Prozessen gegenüber mit unserem Bewußtsein standhalten können, wir sie tätig nachvollziehen und mitfühlen. Jedes Ermatten der inneren Aktivität löst die Sprache aus ihrem geistigen Zusammenhang heraus und macht sie unwahr, indem sie den irdischen Gesetzen unterworfen wird. Denn so wie das Gesetz der Erde die Schwerkraft ist, so ist das Gesetz der Luft die Bewegung. «Die Bewegung ist das Grundelement der Wahrheit.»[40] Erst wenn ein gutes und schönes Sprechen aus innerer Wahrhaftigkeit heraus gestaltet wird, indem wir das Geistige in uns mit dem Geistigen der Sprache in Bewegung vereinen, kann die Sprache wieder Mysterienkunst werden. Um dieses möglich zu machen, entwickelte der Geistesforscher Rudolf Steiner gemeinsam mit der Künstlerin Marie Steiner-von Sivers den sprachkünstlerischen Übungsweg, der die Gesetzmäßigkeiten eines esoterischen Schulungsweges in sich birgt.

Betrachten wir die im vorigen Kapitel beschriebenen Übungen an dieser Stelle noch einmal unter dem Gesichtspunkt eines esoterischen Schulungsweges. An den von der Seele bewußt nachvollzogenen Bewegungsabläufen der Lautbildung erweitert sich das Bewußtsein für das Leben im Luftgeschehen. Jede Übung führt in eine gesteigerte Beweglichkeit aller Wesensglieder hinein. Silbenschreiten, Rückwärtssprechen der Lautfolgen, Turnübungen für Stimme, Atem und Zunge und ein bewußtes Miterleben der Lautübergänge vom Festen zum Welligen, vom Luftigen zum Blasigen und umgekehrt werden geübt. Nach den gleichen Gesetzen, nach denen das Kind Erdenmensch wird, lernt der Übende, als Atemmensch in der Luft zu bestehen. Der Sprechende schafft sich einen neuen Leib aus den Lauten und macht die ersten zögernden Gehversuche in der Luft mit den einsilbigen Worten der ersten Artikulationsübung:

Daß er dir log uns darf es nicht loben.

Schon die zweite Übung erweitert das schrittweise Gehen durch die vokalnahen, schwingenden Konsonanten N und M zu strömenden, fließenden Bewegungen und führt in ein musikalisches Element hinein:

Nimm nicht Nonnen in nimmermüde Mühlen.

Die anschließenden R-Übungen steigern die sprachliche Wendigkeit und durchwirbeln die Luft:

Rate mir mehrere Rätsel nur richtig

Redlich ratsam
Rüstet rühmlich
Riesig rächend
Ruhig rollend
Reuige Rosse

Diese Übungen am Luftlaut R beginnen bereits, die Atmung zu verwandeln. Die letzte Artikulationsübung ergreift noch einmal das plastische Element der Stoßlaute, bewegt und durchwärmt diese aber durch die neu hinzukommenden Blaselaute. Der Übende kann empfinden, wie ihn die Stoßlaute zu einem Schreiten in der Luft anregen, er mit N und M wie hineinschwimmt in die Luft und am R das Fliegen lernt. In der Verbindung von Stoßlaut und Blaselaut kann ein dem Verbrennen ähnlicher Prozeß erlebt werden. Das Ich wird durch die Lippenlaute B und P aktiviert.

Protzig preist
Bäder brünstig
Polternd putzig
Bieder bastelnd
Puder patzend
Bergig brüstend

So wird der Übende auf die nun anschließenden Atemübungen vorbereitet. Regelrechte akrobatische Fähigkeiten erreicht der Übende dann mit den Geläufigkeits-
übungen. Er lernt springen, turnen, tanzen im Element der
Luft und schafft schließlich in den Vokalübungen der Stimme einen «Kahn», daß auch sie von der Luft getragen bestehen kann. In den folgenden Übungsgruppen werden immer
differenziertere Seelenstimmungen in die Bewegungen der
Luft eingearbeitet, so daß Innerlichkeit in die Gestaltungs-
vorgänge einzieht: Der Mensch beginnt, in der Luft zu sich
selbst zu erwachen.

Damit sich der Übende nicht in diesen gesteigerten Bewegungsabläufen verliert, bedarf es einer verstärkten, zusam-
menziehenden Aktivität der oberen Wesensglieder, einer
sicheren Verankerung im geistigen Wesenskern. Vom Ich
angeleitet, werden Astralleib, Ätherleib und physischer
Leib durchgestaltet und durch Straffung der geistigen
Muskulatur zur Erkraftung gebracht. Wir lösen uns nicht
auf in den bewegten Luftprozessen, sondern durchwärmen
und beseelen immer stärker unseren Leib. Die Erweiterung
unseres Wesens ins Geistige hinein führt so zu einer gleich-
zeitigen Inkarnationsvertiefung. Erst wenn unsere Füße
«sprechen» und unsere Vorstellungen «laufen» lernen,
können wir ganzheitlich das Wesen Sprache erfühlen. Unser intellektuelles Vorstellungsleben muß sich lösen, der
leibgebundene Eigenwille heben, so daß wir aus dem Her-

zen heraus eine bewußte und tätige Sprache gestalten. Im Herzen allein liegt der eigentliche Ursprung für jeden Sprachimpuls, der uns mit dem Worte vereinen kann. Vom Zentrum des Herzens aus erwacht in denkender, fühlender und wollender Sprachaktivität unsere geistige Individualität in völliger Selbst-Vergessenheit, aber bei höchster Ich-Aktivität zu den befreienden und heilsamen Kräften der durch die Sprache rhythmisierten, geordneten und spiritualisierten Atmung. Während der physische Leib so ergriffen wird, daß er wieder Instrument des Wortes werden kann, prägt der vom Ich durchsonnte Astralleib dem Ätherleib die lautlichen Bildekräfte ein. Im Mitbewegen der Sprachprozesse erleben wir unsere Einigkeit mit dem Wort. Dies ist die Voraussetzung für die nun beginnende Wandlung der menschlichen Hüllennatur.

Die Umwandlung der Hüllen

Übt der Mensch in den geschilderten Schritten, seine Sprache zu gestalten, so arbeitet er fortwährend an der Umwandlung seiner Wesensglieder. Das in die Hüllen hineingebannte Ich erhöht sich durch seine Hingabe an die Sprache und gibt seine weckenden und ordnenden Impulse an den Astralleib ab. Dieser erfährt Weitung und Läuterung, wenn er im wahrsten Wortsinn wieder zum Sternenleib wird, indem er sich von den Lauten gestalten und führen läßt. Nicht länger bleibt er der eigenen Willkür unterworfen, er fügt sich den Klangformen der Sphärenharmonien und ordnet sich nach deren Gesetzen. Eine große Erneuerung erfährt die Menschenseele, wenn sie ihr Streben auf den Laut richtet und immer sensibler für dessen Qualitäten wird. Jede durch die Sprache angeregte Einatmung läßt uns spüren, wie der Astralleib uns, indem er sich für Höheres öffnet, erhebt und unser Menschsein aufrichtet, statt es zu erniedrigen.

Durch den vom Ich impulsierten Astralleib wird nun der Ätherleib angeregt, die plastischen Bildekräfte der Laute aufzunehmen, indem er sie in der Luft nachbildet. Wenn der sprechende Mensch auf den sichtbaren Ausdruck im physischen Leib verzichtet, verstärkt sich die Aktivität seines Ätherleibes. Während der Astralleib durch die Sprache geordnet, gereinigt und erhöht wird, gewinnt der Ätherleib an Lebendigkeit, Elastizität und Bildkraft. Eine Intensivierung der Ausatmungsphase hat zudem eine Ätherisierung unserer inneren Organe zufolge. Je stärker der Mensch die ätherische Ausatmung entwickelt, desto mehr arbeitet er an einer Vergeistigung seiner physischen Organisation.[41]

Wie tief die Umwandlungskräfte der Sprache wirken, können wir erfahren, wenn wir die Veränderungen am physischen Leib beobachten. Die verfestigten Gewohnheiten unserer Bewegungsabläufe, die sich in Gang, Geste, Mimik und Sprache äußern, werden aufgebrochen und sichtbar verwandelt. Aufrechter wird die Haltung, sicherer der Schritt, beseelter die Gebärde und ausdrucksvoller das Mienenspiel.

So ist jedes sprachliche Üben von einem ständigen Umwandlungsprozeß begleitet. Die Laute verändern die Atmung, der vom Laut inspirierte Atem verwandelt die Stimme, die veränderte Stimme wirkt auf das Blut.[42]

«Die Gesetze der Sprachgestaltung decken sich mit den Gesetzen der Meditation», das ist ein Satz, den Marie Steiner immer wieder vor ihren Schülern aussprach. Alle ihre sprachlichen Unterweisungen haben einen esoterischen Charakter. Freies, nicht von außen bestimmtes Üben, Abstand und Ablösung von sich selbst, Hingabe an Höheres und Überwindung der Erdgebundenheit sind Merkmale eines esoterischen Schulungsweges. So ist auch der sprachliche Schulungsweg von Schmerzen und Rückschlägen begleitet. Beginnen wir den Schritt über die Schwelle des Mundes mit Bewußtsein zu begleiten, erleben wir Furcht vor dem Ungewohnten und schrecken womöglich zurück vor der notwendigen Vergeistigung unserer Seele in der Luft. Uns selbst erleben wir im Zuhören oft als Zerrbild, da wir die verfestigten Einseitigkeiten, die Schwächen und Erkrankungen unseres in den Hüllen gefangenen Seelenwesens anschauen und ertragen müssen. Immer wieder stoßen wir an vermeintliche Grenzen, die sich überraschend öffnen, wenn wir lernen, die Ungeduld zu zügeln, und verstehen, daß alle Arbeit an den sprachlichen Mysterien nur eine Vorbereitung sein kann. Das geistige Geschehen läßt sich nicht herbeizwingen.

Der Schulungsweg der Sprachgestaltung ist ein christlicher Schulungsweg, der den Menschen zu den Mysterien des Wortes führt. Zu Beginn steht die innere Aufforderung, unseren Sinn, ja unser ganzes Sein der Sprache gegenüber zu ändern. Nicht ich, sondern das Sprachwesen selbst soll immer klarer aus dem Menschenwort klingen, und das bedeutet Verzicht im Bereich unseres Denkens, Fühlens und Wollens und Umwandlung unserer Leibeshüllen. Indem wir selbst zum Instrument werden, erfahren wir im Mitbewegen der Sprachprozesse die Vereinigung mit dem Wort. Die Sprache gestaltend löst sich der Mensch heraus aus der Verfestigung des Physischen und begründet sich neu im ätherischen Ausatmungsgeschehen. Hier findet er die Auferstehung seines ins Leibliche hinein verschwundenen Menschenseins.

Besinnung auf unseren geistigen Ursprung im Wort führt uns im Stirb- und Werdeprozeß des Herz-Lungen-Geschehens zu einer Erneuerung unseres Seins. Plastisches wird musikalisch, das Räumliche weitet sich zu in der Zeit rhythmisierenden Prozessen, die uns zu einem veränderten Fühlen des eigenen Seelenwesens führen, indem unsere gelösten Verstandeskräfte und erhöhten Willenskräfte zum Werkzeug der Mitte werden. Im Seelengleichgewicht, das alle Kräfte in uns und um uns im bewegten Hin- und Herweben verbindet, vereint der Mensch sein Ich mit dem Weltenwort und erwacht in wirksamer Sprachtätigkeit zu einem neuen, von der Sprache bewegten Fühlen.[43]

Jede Erweiterung des menschlichen Bewußtseins, jede Vergeistigung des Menschenwesens urständet in der Atmung. Die Sprachgestaltung ist ein aus der Anthroposophie hervorgegangener künstlerisch-esoterischer Schulungsweg, in welchem nun nicht – wie sonst üblich – die Atemprozesse direkt geschult werden, sondern *von der Sprache* verwandelt werden. Dieses ist von umfassender Bedeutung. Denn dadurch, daß sich der Atem nach den Gesetzen der Sprache richten lernt und nicht nach der Egoität des Sprechenden, wird er von den Logoskräften inspiriert und somit verchristlicht. In einer Zeit, in der die ganze Menschheit an der Schwelle steht, kann der sprachliche Schulungsweg die rechte Vorbereitung sein, diese sicher und auf heilsame Weise zu überschreiten.

Teil III
Der Rückweg zum Wort

7

Vom Weltenwort zur Menschensprache

> Die Sprache ist eine ungeheure fortwährende
> Aufforderung zur Höherentwickelung. Die
> Sprache ist unser Geisterantlitz, das wir wie
> ein Wanderer in die unabsehbare und
> unausdenkbare Landschaft Gott unablässig
> weiter hineintragen.
>
> *Christian Morgenstern*

Einen langen Weg hat die Menschheit zurückgelegt, bis sie
bei den Zivilisationsformen des 20. Jahrhunderts angelangt
ist. In den einzelnen Kulturepochen können wir Inkarna-
tionsstufen erkennen, auf denen die Impulse der geistigen
Welt schrittweise in das Innere des Menschen eingezogen
sind. Denkt man an die vielgestaltige Götterwelt der Inder,
die noch wesenhaft erlebte Polarität von Licht und Finsternis bei den Persern, die Sternenweisheit der Ägypter
und die dem Menschen schon nähere Sagenwelt der griechischen Antike, so kann dies wie ein Abstieg der Menschheit in das Erdenbewußtsein hinein empfunden werden.
Der Mensch wird aus einer umfassenden geistigen Führung
in die Freiheit entlassen und gelangt zu der scheinbaren
Gottverlassenheit der Gegenwart: Die Mysterien sind verstummt, die Orakel schweigen, die Naturreiche sprechen
nicht länger wesenhaft zum Menschen. Wie anschaulich
wird das erlebbar, wenn wir das Mienenspiel der archaischen
Plastiken betrachten und diese vergleichen mit den indivi-
dualisierten Persönlichkeitsdarstellungen, die, mit der rö-
mischen Kultur beginnend, über das Mittelalter bis hin zum
Realismus oder gar zum photographischen Menschen-Ab-
bild geführt haben.

Idol aus Marmor, Kykladische Kunst.
(Paris, Privatbesitz)

Schreitende Griechin, 1. – 2. Jh. n. Chr.
(Rom, Vatikan)

Panzerstatue des Augustus, 20 v. Chr..
(Villa Livia, Primaporta)

Der Apostel Paulus, 12. Jh.
(Großkomburg, Stiftskirche St. Nikolaus)

Edgar Degas: Balletteuse. Um 1880.
(Zürich)

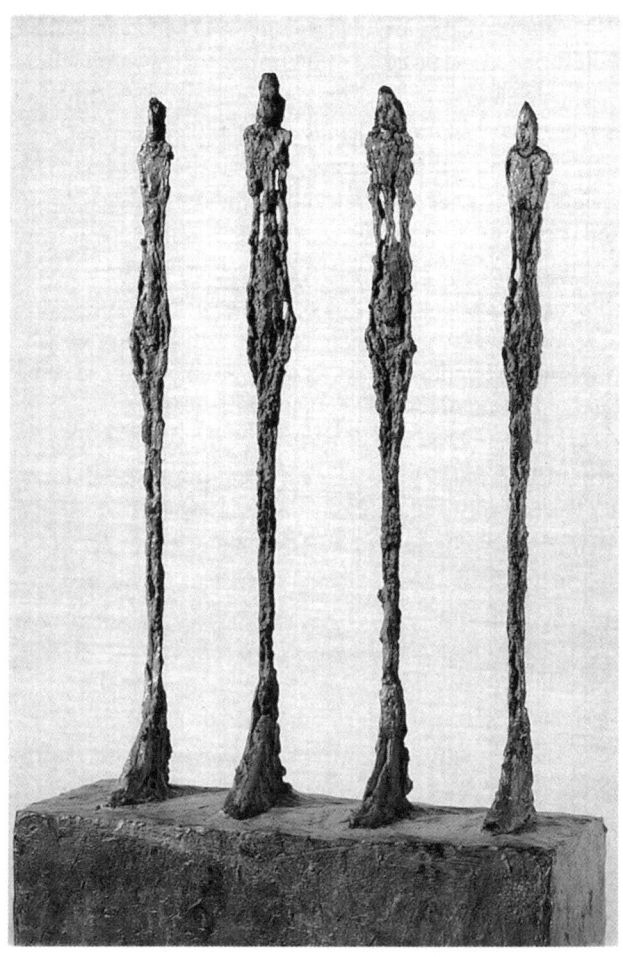

Alberto Giacometti: Vier Frauen auf einem Sockel. 1950.
(Giacometti-Stiftung, Zürich)

Die sechs Abbildungen (S. 140 – 145) zeigen einen kontinuierlichen Weg der Verinnerlichung und Individualisierung, der das Abnehmen der aus dem Umkreis auf den Menschen wirkenden Geistigkeit veranschaulicht. Achten wir besonders auf das Mienenspiel, die Fülle oder Strenge der Gewänder und die Ausgestaltung und Haltung des Leibes, dessen Kraft oder Schwäche, besonders im Bereich des rhythmischen Systems. Dann können wir wahrnehmen, auf welche leiblichen Voraussetzungen der Mensch der jeweiligen Kultur sein Sprachempfinden gründet und zu welchen Atemprozessen seine Leiblichkeit fähig ist. Die Betrachtung führt uns vom *menschlichen Urbild* der kykladischen Kunst (3. bis 2. Jahrtausend v. Chr.), das wie ein von außen modelliertes, die Gestalt nur andeutendes Gefäß erscheint, zu der in rhythmischen Bewegungen fließenden Fülle der griechischen Plastik: Die Lippen – der sensibelste Teil des Sprachorganismus – sind leicht geöffnet, als ob sie das Wort empfängen in innerer Hingabe, anstatt es von innen heraus zu bilden. *Die Menschheit*, nach allgemein gültigen Gesetzen in Harmonie mit sich und der Gottheit, ist hier dargestellt, während die römische Plastik schon das eigene eines *Volkes* in Tracht und Haltung, im Stolz des Mienenspieles ausdrückt. Deutlich ist der Schritt zur Verinnerlichung in der Kunst des Mittelalters, zugleich wird die abnehmende Lebenskraft sichtbar. Dieser Mensch kann denken, aber das gesunde Atmen hat er verlernt. Aus dem melancholischen Antlitz spricht *die Seelenhaltung einer Epoche,* die beginnt, in die Kräfte der Schwere zu fallen. Dann aber erscheint *ein Mensch,* den wir als einen bestimmten erkennen und mit Namen nennen können, gegenwärtig und vergänglich, so wie die Kunst der Antike das Ewige, Unzerstörbare des

Menschen abbildete. Die letzte Abbildung scheint der ersten ähnlich: Während aber die Urform der Kykladen noch die Fülle aller Möglichkeiten in sich trägt, so weist Giacometti auf einen Endpunkt hin. Die Kräfte sind verbraucht, ein Todesprozeß hat stattgefunden, der menschliche Leib ist auf sein Skelett reduziert. Das ganze Menschsein konzentriert sich auf die Aufrechte, auf die Ich-Linie der Wirbelsäule. Die äußere Entwicklung ist abgelaufen; mit dem physischen Leib, der hier fast nur noch ein Strich ist, kann der Mensch nicht mehr atmen. Vom Ich ausgehend aber kann ein neues Werden, eine Schöpfung aus dem Nichts ihren Anfang nehmen.

Gleiches zeigt sich uns, wenn wir uns die Entstehung der Schauspielkunst und deren Werdegang vergegenwärtigen. Der Tempeltanz, die Mysterienschulung der Wortkunst wurde abgelöst von den griechischen Tragödien und Komödien. Hier ist die Wiege der Theaterkultur zu suchen: Das Mysteriengeschehen teilt sich in Schauspieler und Zuschauer, also in eine darstellende und eine aufnehmende Menschengemeinschaft. Die Spieler hatten jedoch noch das Ziel, die geistige Schicksalsführung der Menschen erlebbar zu machen. So fiel eine umfassende Rolle den Sprechchören zu, denn diese verkörperten die Stimme der Gottheiten, aus ihnen gestaltete sich das ganze Geschehen. Im rhythmischen Auf- und Abwogen der Sprechgesänge verkündeten die Olympier ihre Weisheit, die Parzen ihren Schicksalsspruch oder die Erinnyen ihren Fluch:

Menschen-Größe, – auch die sich zur höchsten Höh' türmt,
Schmilzt und zerrinnt in die Erde und schwindet dahin, wenn
Unsere Heimsuchung, tanzend in schwarzen Gewändern,
Götterneid-getrieben kommt.
Fürchterlich nun
Lastet mein Fuß
Auf seinem Haupt,
Tritt ihn in Staub;
Gleitet er aus,
Stoße ich ihn,
Unentrinnbar,
Unentwirrbar,
In das Bewußtsein seiner Schuld.

Aeschylos: Chor der Eumeniden

Das sprachliche Erleben steht hier eindeutig im Vordergrund. Der bewegte Rhythmus hüllt die Seele ein, wie die fließenden Gewänder der griechischen Plastik die Gestalt umhüllt haben. Das Inhaltliche tritt zurück, das menschliche Schicksal ruht noch in der Hand der Gottheit. Nicht der einzelne Mensch, sondern geistige Gesetze sprechen sich aus.

In den späteren christlichen Mysterienspielen des Mittelalters wurden dann in religiösen Bildern allgemeine Menschheitsentwicklungen dargestellt, die noch kein Einzelschicksal beinhalteten. Erst mit Shakespeare beginnt im Grunde genommen die Theaterkultur der Neuzeit, in welcher der einzelne Schauspieler das Ringen der Individualität verkörpert und sprachlich gestaltet. Nun spricht sich nicht mehr die Gottheit, nicht mehr das allgemein menschliche Gesetz im Drama aus, sondern der Charakter entsteht, der unverkennbar individuelle Züge trägt. Das einzelne Menschenschicksal tritt hervor aus der archaischen Ordnung der früheren Epochen und beginnt sich selber auszusprechen, indem das Weltenwort hineinverstummt ist in die zur Form geronnenen Schöpfung.

«Der Chor bereitete ursprünglich den Boden durch dasjenige, was er hervorbrachte für das künstlerisch gestaltete Wort, in der der Gott sich ... inkorporieren sollte ... Nun wurde aus menschlicher Unzulänglichkeit der Schauspieler hingestellt, der durchaus aber den Gott darstellte ... Und daraus wurde die Darstellung des innersten menschlichen Wesens, die Seelendarstellung.»[44]

Das ringende Menschen-Ich offenbart sich besonders in den so stark in den Charakter hinein verdichteten Gestalten Shakespeares. Die ganze Not des von Gott verlassenen Menschen hören wir aus den Worten des sterbenden Königs Lear:

Und tot mein armes Närrchen? – Nein! Kein Leben!
Ein Hund, ein Pferd, die Maus soll Leben haben,
Und du nicht einen Hauch? – Oh, du kehrst nimmer wieder,
Niemals, niemals, niemals, niemals, niemals! –
Ich bitt euch, knöpft hier auf! – Ich dank euch, Herr!
Seht ihr dies? Seht sie an! – Seht ihre Lippen,
Seht hier, – seht hier! –

So wie hier das Einzelschicksal dem Menschheitsschicksal gegenüber in den Vordergrund tritt, so können wir in den vielen einzelnen und einsilbigen Worten auch eine sprachliche Konzentration erleben, wenn wir diese Dichtung mit dem Sprachweben der griechischen Kultur vergleichen.

Was beginnt nun zu sprechen aus dem Inneren der Menschenseele, was klingt nun von der Erde zurück zur Sternenwelt? Der Mensch ist jetzt auf einer Stufe der

Freiheit angelangt, die es in der bisherigen Evolution noch nicht gegeben hat.

Nach dem völligen Ankommen und Erwachen der Menschenseele auf Erden sind zwei Richtungen einer zukünftigen Entwicklung möglich. Entweder die absteigende Linie wird weiterverfolgt, und der Mensch begibt sich in die Kräfte des Untersinnlichen, oder aber er findet aus der nun entstandenen Freiheit heraus einen Weg, sich von innen her wieder emporzuarbeiten in einen geistigen Zusammenhang hinein. Mit vollem Recht wird unsere Zeit eine Schwellenkultur genannt, denn jeder einzelne Mensch wird sich entscheiden müssen, ob er der absteigenden Linie nachgibt und den niederziehenden Kräften in die Verzerrung und Lähmung der untersinnlichen Natur folgt oder ob er durch den Nullpunkt unserer Zivilisation hindurch einen Weg findet, der zu einer neuen, vom Menschen-Ich ausgehenden Spiritualisierung führt. Wir können hier die Thematik eines gewaltigen Atemzyklus erkennen, der die Menschheit jahrtausendelang von außen in einem geistigen Beatmungsprozeß *beeindruckt* hat und sich in der Gestalt der Naturreiche und in der menschlichen Gestalt seinen *Abdruck* geschaffen hat. Diesem Atemabdruck der gestaltenden geistigen Schöpferkräfte gilt es nun, von seiten des Menschen her lebendigen *Ausdruck* zu verleihen, daß die Seele sich wieder zu den Sternenwelten zurückatmen kann, wie es in dem nachfolgenden Wahrspruch Rudolf Steiners zum Ausdruck kommt. Die Sprache, die auf den Wogen des menschlichen Atemgeschehens lebt, kann uns erfahren lassen, wie jedes Wort Ausdruck ist einer Beeindruckung durch kosmische Lautwesenheiten.

Sterne sprachen einst zu Menschen,
Ihr Verstummen ist Weltenschicksal;
Des Verstummens Wahrnehmung
Kann Leid sein des Erdenmenschen;

In der stummen Stille aber reift,
Was Menschen sprechen zu Sternen;
Ihres Sprechens Wahrnehmung
Kann Kraft werden des Geistesmenschen.

Rudolf Steiner

In zweifacher Hinsicht nimmt die Sprache in unserem Menschsein eine Sonderstellung ein. Zum einen zeichnet sie sich dadurch aus, daß sie sich, wie beschrieben, der rhythmischen Prozesse unseres Blut-Atem-Geschehens bedient und so am unmittelbarsten auf dieses zurückwirkt. Zudem ist sie aber auch die Grundlage für die Vermittlung von Kunst, Religion und Wissenschaft, also Träger der gesamten menschlichen Kultur. Seit Jahrtausenden bedient sich der Mensch der Sprache, um seine Erfahrungen und Erkenntnisse von Generation zu Generation weiterzugeben, in jedem Unterrichtsfach vermittelt der Lehrende sein Wissen durch das Wort. Das betrifft nicht nur die Wissenschaft. Auch die Religionen leben in der sprachlichen Darstellung ethischer Inhalte, in den in Worten zusammengefaßten Lehren und Gesetzen und schließlich auf einer höheren Stufe im Gebet und kultischen Sprechen. Nur ein künstlerisches Werk vermag ohne Worte zu uns zu sprechen, da alle Künste aus den Schöpferkräften des Weltenwortes hervorgegangen sind und unmittelbar auf uns wirken. Als Lehrfach oder in einer künstlerischen Therapie bedarf es jedoch wieder des Wortes, um die Kunstgesetze in ihrer Begrifflichkeit zu erfassen oder die für eine Therapie notwendigen Stimmungsbilder anzuregen.

So ist Menschsein und menschliche Entwicklung ohne Sprache nur schwer vorstellbar. Leib, Seele und Geist sind gleichermaßen darauf hinorganisiert, Sprache aufzunehmen und hervorzubringen. Wie der Mensch mit dem Phänomen, zugleich Geschöpf wie auch Schöpfer des Wortes zu sein, umgeht, ist in die Verantwortung jedes einzelnen gelegt. Denn Aufstieg oder Fall der Menschheit sind verbunden mit sprachlichen Entwicklungen oder Fehlentwicklungen.

Aus einer chinesischen Legende hören wir folgendes: Konfuzius wurde einmal gefragt, was er als erstes tun würde, wenn er ein Land zu regieren hätte. «Ich würde vor allem die Sprache verbessern», erwiderte er. Seine Zuhörer waren verwundert. Deshalb fragten sie nach. Die Antwort des Meisters: «Wenn die Sprache nicht einwandfrei ist, sagt man nicht, was man meint. Wenn das Gesagte aber nicht ist, was man meint, bleibt ungetan, was getan werden soll. Wenn es ungetan bleibt, verfallen Sitten und Künste, und das Recht geht in die Irre. Wenn das Recht in die Irre geht, ist das Volk hilflos und unsicher. Deshalb darf in dem, wie gesprochen wird, nichts Willkürliches sein. Es gibt nichts Wichtigeres.»

Auch wenn jeder Mensch glaubt, seit früher Kindheit sprechen zu können, so sollten wir doch dann und wann dieses «Können» in Frage stellen und den gewohnheitsmäßig automatisch ablaufenden Sprechakt mit Bewußtsein durchdringen. Dann werden wir nicht länger an dem womöglich schmerzhaften Erlebnis vorbeigehen können, wie weit wir noch davon entfernt sind, der Sprache gemäß zu sprechen, wie unfrei und belastet sich Stimme und Atmung im Sprechen offenbaren und wie unzulänglich die Lautbildung vonstatten geht. Immer neu kann uns die Frage beschäftigen, ob unser Sprechen adäquat ist den Empfindungen, Gedanken und Willensintentionen, die wir ausdrücken wollen. Gerade wenn uns das, was wir ausdrücken wollen, wichtig ist, sollten wir versuchen, sprachliche Entsprechungen zu finden.

Auch im kleinsten Bemühen um die Alltagssprache erfährt der Mensch heilsame, künstlerische und spirituelle Impulse. Allein dadurch, daß wir unser Bewußtsein der Sprache zuwenden, beginnt sie nun ihrerseits im Menschen wirksam zu werden.

8

Anregungen zum Erwerb eines neuen Sprachgefühls

> Man soll die Worte sprechen, als seien
> die Himmel geöffnet in ihnen, und als
> wäre es nicht so, daß du das Wort in
> deinen Mund nimmst, sondern als
> gingest du in das Wort ein. Denn wenn
> einer in das Wort wirklich eingegangen
> ist, so ist es, als schüfe er Himmel und
> Erde und alle Welten von neuem.
>
> *Chassidischer Zaddik*

Der Mensch kann sich in verschiedener Weise dem Wesen des Wortes nähern. Bevor er bereit ist, in seine Sprache verändernd einzugreifen und an dieser zu arbeiten, kann er sich erst eine Erkenntnisgrundlage schaffen über den Zusammenhang von Mensch und Sprache. Religiöse, philosophische oder geisteswissenschaftliche Schriften zum Thema können ihn zu einem ersten Nachdenken über Sprache und Sprechen anregen und so eine Stimmung der Aufnahmebereitschaft einleiten, die weitere Fragen und umfassenderes Suchen zur Folge haben können. Man wird erstaunt sein, wie viele bedeutende Persönlichkeiten von der Antike bis zur Gegenwart sich mit den Sprach- und Atemprozessen beschäftigt haben und wie vieles es allein erkenntnismäßig auf diesem Gebiet zu lernen gibt. So entwickelt zum Beispiel Plato eine sehr anschauliche plastisch-farbige Lautkunde. Sokrates legt er folgende Worte in den Mund:

«Erleben sollen wir, wie sehr der Gott selbst der wahre

Urheber dieser Gebilde ist, der Dichtungen und ihrer gesprochenen Vorführung. Die Menschen, die Künstler aber gebraucht Gott als Instrumente, um durch sie sich laut zu machen, für uns vernehmlich.»[45]

An solche Darstellungen können sich eigene Erfahrungen und Erlebnisse mit der Sprache anknüpfen, und es wird so im Nachempfinden der Sprachprozesse die Voraussetzung geschaffen, das Herz für eine Thematik zu öffnen, die jeden von uns betrifft.

Ohne ein neues Hören ist ein erneuertes Sprechen nicht möglich. Dieses Hinlauschen können wir übend wecken und schulen, wenn wir die Frage nach dem sprechenden Menschenwesen immer wieder lebendig in uns entstehen lassen. Ganz instinktiv erleben wir an der eigenen Sprache oder der Sprache eines anderen Freude oder Unbehagen; diesem können wir innerlich nachtasten, uns Klang, Sitz und Qualität der Stimme ins Bewußtsein rufen und darauf achten, ob die Sprache fließend oder stockend, lebendig oder starr auf uns wirkt, ob sie uns bewegt und mitnimmt oder gänzlich unbeteiligt läßt, ob sie konturiert und gegliedert ist oder undeutlich und verschwommen. Um dieses verstärkt wahrzunehmen, müssen wir lernen, wie im ersten Kapitel beschrieben, durch die Inhalte hindurchzuhören und darauf zu achten, *wie* gesprochen wird. Das Kopfbewußtsein muß teilweise einschlafen, um ein Herzensbewußtsein zu wecken. Nehmen wir dann die sprachliche Gestaltungskraft und Klangfarben der anderen Seele wie einen künstlerischen Akt wahr, dann begegnen wir in besonders inniger Weise dem Menschen, der spricht, auch wenn wir für einen Augenblick überhören, *was* er sagt.

Dem eigenen Sprechen gegenüber ist das schwieriger, denn jeder künstlerische Prozeß wird gestört, wenn er reflektiert wird. Wir können also unserem Sprechen nur hinterherlauschen und uns fragen: Wie hat das geklungen, was eben gesprochen wurde, als welche Klanggestalt erleben wir den Nachhall unserer Worte, welche Bilder, welche Stimmungen regen sich in der Seele, wenn wir im Echo unseres Sprechens uns selber nacherleben? Wir können uns dann erforschen, ob unsere Stimme sich piepsend, krächzend oder polternd anhört, ob wir immer wieder durch Heiserkeit zum Flüstern gezwungen sind oder uns im zu schnellen Sprechen ständig verhaspeln und erschöpfen. Welche Redensarten schleichen sich womöglich ein, die wir uns irgendwann angewöhnt haben und nun ganz unwillentlich benutzen? Sprechen wir, weil wir einfach nicht schweigen können oder weil wir Wichtiges mitzuteilen haben? Fällt uns das Sprechen leicht, oder erleben wir den Wechsel vom inneren Denken und Fühlen zum Wort jedesmal als schmerzhaften Schwellenübergang? Mit liebevollem Humor können wir uns dann auch einmal nachahmen, unsere womöglich zu hohe nervöse Kopfstimme bewußt überbetonen, um dann spielerisch eine Weile auszuprobieren, wie sich die tieferen Klänge anfühlen.

Haben wir uns eine Zeitlang darin geübt, unserem Sprechen *nach*zulauschen, so können wir dieses Üben ergänzen durch ein *Voraus*-Hören unserer Worte. Im Alltagsgeschehen ist dies allerdings nur selten möglich. Nach und nach können wir uns aber vielleicht dazu heranerziehen, zum Beispiel nach einer Gesprächspause den ersten Satz, den wir sagen möchten, möglichst plastisch und klingend innerlich zu hören, *bevor* wir ihn auch für die anderen hörbar machen. Sprache und Atmung werden sich an solchen Übungen beruhigen und ordnen, und wir können beginnen, uns unmittelbar für einen sonst gewohnheitsmäßig ablaufenden Vorgang verantwortlich zu fühlen. Eine neue soziale Kraft entsteht in uns, wenn wir lernen, statt uns ständig durch eigenes Reden in den Vordergrund zu stellen, uns in einem aufnahmebereiten Hören zu üben.

Die Schale, die das Blut des Gekreuzigten empfing, und der Speer, der ihn verwundete, sind der Inhalt der Gralsmysterien. Wir können in ihnen Urbilder von Hören und Sprechen erleben. Über das Ohr empfängt der Mensch die Stimme des Sprechenden und nimmt dessen Ich hörend wahr. Das Wort aber kann wie der Speer verwunden oder heilen, je nachdem, ob es aus der unteren Menschennatur heraus gesprochen wird oder von oben geführt die Stofflichkeit überwindet. Hören und Sprechen müssen in einem Gleichgewicht leben, so daß ein sozialer Atemprozeß entstehen kann. Voraushören, Hinhören und Nachlauschen sind Grundvoraussetzungen für einen harmonischen Sprachprozeß, der sich sowohl im einzelnen Menschen wie in der Menschengemeinschaft entfalten möchte.

In jedem richtigen Hören öffnet sich die Seele wie in einer inneren Fragestimmung, und dieses kann zu dem Entschluß führen, sich der eigenen Sprache nicht nur wahrnehmend zu nähern, sondern an ihr zu arbeiten. Wie schwer es ist, die Sprechgewohnheiten zu durchbrechen, können wir erleben, wenn wir ein Wort oder eine unpassende Redewendung aus unserem Sprachgebrauch verbannen wollen. Es kann Tage dauern, bis wir das Wort überhaupt beim Sprechen bemerken, später werden wir die Redewendung vielleicht manchmal erwischen, wenn sie uns gerade aus dem Mund geschlüpft ist. Vielleicht erst nach Wochen sind wir fähig geworden, als Wächter die Schwelle des Mundes zu bewachen und die Worte zurückzuhalten, die wir im Grunde genommen gar nicht sagen wollten. Es ist ein Üben in kleinen, vielleicht enttäuschend langsamen Schritten, das hier beginnt. Gewaltig sind die Prozesse und Abläufe, die es zu meistern gilt, bis wir unsere Worte beherrschen lernen, was einem Zurücknehmen unserer Egoität entspricht.

Eine weitere Möglichkeit, sich erkenntnismäßig und zugleich fühlend der Sprache zu nähern, liegt darin, daß wir uns die wirkliche Bedeutung eines seelenlos gewordenen Begriffes klarmachen. «Man hat schon gelernt, sich aus dem Wort herauszufühlen. Fühlt man sich wieder in das Wort ‹Überzeugung› hinein, so steigt auf: Zeugung, Hervorbringen im Körperlichen. Die ‹Überzeugung› wird ein ähnlicher Vorgang im Seelischen. Was wirklich in der Seele vorgeht, wenn sie von einer Überzeugung durchdrungen wird, veranschaulicht sich.»[46] So können wir im Wort «Alltag» eine umfassende Fülle erleben, die wir ausdehnen können bis zum Weltenall. Wir lernen empfinden, wie in dem Wort «Bedeutung» ein Deuten liegt oder in «Behauptung» die Hauptesorganisation angesprochen wird.

Wird der Mensch empfindlicher für die Laut- und Silbengebärden, so kann er nach und nach erleben, daß sich selbst in den kleinen Vorsilben wie be-, er-, ent- oder ver- Wesenhaftes ausspricht. Bedächtige Behutsamkeit, Erhebendes und Erregendes, Entfesselung und Entschlußkraft oder ein Verwischen und Vergehen zeigen sich in diesen scheinbar so unbedeutenden Vorsilben, welche den Verben unterschiedliche Gesten zufügen. Reicher wird unser Erleben der Sprache gegenüber, wenn wir den inneren Gestus des Gedankens im Laute nachzulauschen beginnen.

Will man sich noch tiefer mit der Sprache verbinden, so kann man versuchen, den Begriff zu einer inneren Bildhaftigkeit zu erwecken. Ein Spruch, ein Gedichtvers oder ein Stück literarischer Prosa sind dafür geeignet. Man kann als erstes die Worte lesen oder leise vor sich hinsprechen und sich den Inhalt vergegenwärtigen. Welten können sich erschließen, wenn dann in einem zweiten

Durchgang jedes Wort als Bild erlebt wird und der Mensch beginnt, sich *in* diesen Bildern und von Bild zu Bild zu *bewegen*. Ein häufig gebrauchter Tischspruch von Christian Morgenstern könnte dann in folgender Weise eine Vertiefung und Belebung erfahren:

Vor dem Sprechen	Sprechen
Sich innerlich hinunterneigen, die Erde, oder ein Stück Acker vor sich sehend, und auf diese zugehend:	Erde,
Einen Bezug zur Pflanzenwelt aufnehmen und sehen, wie diese aus der Erde hervorwächst:	die uns dies gebracht
Sich hinaufweiten zur Sonne, ihre Strahlkraft, ihre Wärme, ihr Licht erfassen:	Sonne,
Erleben, wie die Pflanzen sich aufrichten, der Sonne entgegenwachsen, Blätter, Blüte und Frucht hervorbringen:	die es reif gemacht.
Der Sonne nun vom Menschen her Wärme und Dankbarkeit entgegenbringen:	Liebe Sonne,
Sich wieder hinunter zur Erde begebend und diese in Liebe umfassend:	Liebe Erde,
Beide Gestirne eindrücklich vor sich sehen und in innerer Verneinung die Mächte des Vergessens zurückweisen:	Euer nie vergessen werde.

Hier geht es noch nicht um eine Gestaltung der Laute oder Rhythmen, sondern allein darum, daß die Seele einen lebendigen Bezug zu den Worten herstellt, die sie spricht. Der Inhalt erfährt so eine Vertiefung, die Seele eine Steigerung der inneren Regsamkeit, das Sprechen wird durch das Mitbewegen wahrhaftiger.

Folgen wir mit der Seele der Richtung der Bilder, so können wir im nächsten Gedicht eine deutliche Dreigliederung wahrnehmen. Sie umfaßt unser Wollen und unser Bewußtsein und beginnt dann, (im vermittelnden Rauch) das Herz zu weiten:

Bild aus Sehnsucht

Über weite braune Hügel
führt der Landmann seinen Pflug.
Droben mit gestrecktem Flügel
schwimmt des Adlers breiter Bug.

Fern aus Höfen unter Bäumen
zittert Rauch im Morgenglanz.
Und die fernste Ferne säumen
Wälder wie ein dunkler Kranz.

Christian Morgenstern

Die Suche nach einem wirklichen Zusammenhang zwischen der Individualität und ihrer Sprache kann den Menschen zu weiteren Fragen anregen. Er wird dann vielleicht erkennen, daß das Sprachkleid, welches er seiner Seele jahrzehntelang übergeworfen hat, unpassend ist und sich als zu eng, kratzend, zu grell oder zu elastisch erweist, oder aber, daß er sich gewissermaßen ein fremdes Gewand angezogen hat. Solche der eigenen Seele im Grunde genommen fremden Sprachkleider entstehen dadurch, daß der Mensch zum Beispiel in einem vom Elternhaus übernommenen Sprechen steckengeblieben ist und sich keine eigene Sprache erarbeitet hat. Oft wird aber auch im späteren Leben durch die berufsbedingte Rollen ein Sprechduktus übernommen, der mit der eigenen Seele nichts gemein hat. Wie schwer fällt es manchen Menschen, sich ein eigenes Sprechen wenigstens außerhalb des Berufes zu bewahren und nicht in dem väterlich-sonoren Timbre des Arztes oder Priesters, im belehrenden Tonfall des Lehrers oder der unverbindlich freundlichen Stimmlage einer im öffentlichen Dienst Tätigen zu verharren. Auf dem Bildschirm können wir förmlich sehen, daß der Journalist die schon vorher abgesprochenen Fragen stellt, ohne den Antworten, die er ja bereits kennt, zuzuhören, und er in einem unbeteiligten Sprechen und Hören lebt, das sich auch im Alltag nur schwer ablegen lassen wird. Gerade die jahrelangen Wiederholungen einer beruflichen Situation lassen uns in eine sprachliche Rolle schlüpfen, die unsere Individualität überlagert und verschleiert. Ein zweifacher Bewußtseinsprozeß wird so für den Menschen notwendig. Zum einen muß er sich fragen, inwieweit seine Subjektivität dem sprachlichen Erleben im Wege steht, zum anderen, welche sprachlichen Formen er übernommen hat, die seinem eigentlichen Wesenskern nicht entsprechen. Ein wie oben beschriebenes Aufwachen für die Bildhaftigkeit der Worte, ein inneres Mitbewegen von dem, was gesprochen wird, kann zu einer Wahrnehmung davon führen, wie stark oder schwach die Verbindung des einzelnen mit seiner Sprache ist. Unmittelbar verändert sich die menschliche Stimme, wenn die Gesten der Worte nachvollzogen werden und der Mensch sich von Wort zu Wort mitbewegen lernt.

Das Vorausempfinden dessen, was gesprochen werden soll, kann mit einem inneren Tasten verglichen werden, das eine dem Wort gemäße Stimmung erzeugen kann. Dieses führt im Erfassen der Laute zu einer Art Geschmackserlebnis, das einem von der Zunge ausgehenden Tasten gleichkommt. Im Nachtasten der Bilder und Gesten, die jeder Laut in uns erzeugen kann, können wir uns dessen Wesensqualität nähern und nachforschen, wo die einzelnen Laute gebildet werden, wie unterschiedlich ein Gaumen-, Zungen- oder Lippenlaut «schmeckt» und welche Stimmung er in uns erzeugt. In allen Sinneswahrnehmungen kann eine sittliche Erfahrung der Seele wahrgenommen werden; dieses kann im Sprechen besonders innig erlebt werden, da die Tätigkeit der physischen Sprachwerkzeuge unmittelbar zu einem Spracherlebnis führen kann, wenn wir zu einem Durchfühlen unserer Lautbildung erwachen. Alle Tast- oder Geschmacksübungen, am besten mit geschlossenen Augen vorgenommen, können den Menschen heranschulen, in einem sinnlich-sittlichen Spracherleben die eigene Seele zu ertasten und zu schmecken.

Eine Fülle von sprachlichen Spielen kann dem Menschen zu neuen Erfahrungen auf diesem Gebiet verhelfen und das Sprechen mit mehr Bewußtsein, Empfindung und Willenskraft durchziehen. Man kann versuchen, Bilder, Geschmackserlebnisse, Gestalten oder Geschichten für jeden Laut zu finden und diesen zu beschreiben oder den Elementen zuzuordnen. Kleine Erzählungen können daraus entstehen, deren Inhalt dem Laut entsprechend gestaltet wird. So kann sich vielleicht eine Kampfsituation aus den Stoßlauten, eine elementare Naturbeschreibung aus den Blaselauten, eine Meeresidylle aus dem Wellenlaut L und ein Kinderreim aus dem munteren R ergeben.

Hier ein Beispiel für einen Weg vom Stoßlaut, über Wellen- und Luftlaut zum Blaselaut:

Ein kräftiger Krieger, den prunkvollen Kopfputz auf dem Haupte, stieg mit stolzem Schritt die Treppe empor.
Dort lag der Geselle im Schlaf auf dem Lager und lächelte leise. Ein leichtes Lüftchen spielte mit seinen Locken.
Draußen regte sich bereits der frühe Morgen, ringsherum war der Himmel rosenrot gefärbt. Rasch vertrieb die frische Brise die grauen Reste der Nacht. Eine merkwürdige Erregung ergriff den Recken. Er schrak auf. Was war das? Welch seltsames Wesen schlich sich vorsichtig die Stufen hinauf?

Wir lassen uns ganz von den Lauten führen und versuchen, von ihnen ausgehend, einen Inhalt zu finden, der zu ihnen paßt. Auf der Suche nach dem richtigen Laut fühlt sich der Mensch intensiv in die Lautbildungszonen hinein, die Sprachwerkzeuge werden angeregt. Wir werden gewahr, wie vielfältig sich die Sprache zu wandeln vermag: Auf der Ebene der Blaselaute wird die Treppe zur Stufe, der Krieger verwandelt sich in einen Recken, damit die R-Stimmung erhalten bleibt. Durch eine solche Übung wird der Mensch hellhörig für die Lautgebärden, die er nun plötzlich auch ganz anders in der Alltagssprache erlebt. Gehen wir vom Laut aus in die Sprache hinein, dann beginnt sie zudem unmittelbar rhythmischer zu werden.

Wenn wir Worte aus einer anderen Sprache nehmen und Laut für Laut beschreiben, so vermögen wir der Bedeutung oft sehr nahezukommen. Es ist erstaunlich, wieviel ursprüngliches Erleben noch in den Lautzusammenhängen der Worte zu entdecken ist. Bei einer solchen Übung ist es gut, wenn erst die Konsonantenfolge als Gestalt- und Bewegungsseite des Wortes nachempfunden wird und der Vokal dann als Seelenstimmung diesem hinzugefügt wird. Eine Beschreibung des Wortes «Ball» könnte dann zum Beispiel so aussehen: Ein fester runder Gegenstand (B) kommt in eine weite, fließende Bewegung (ll). Meine Seele öffnet sich, fließt mit, staunt (A).

Man kann auch nacherleben, wie sich ein Wort verändert, wenn nur ein Laut ausgetauscht wird und die neue Begrifflichkeit durch die veränderte Lautgebärde entsteht (zum Beispiel *r*eiben, *t*reiben, *sch*reiben und ähnliches).

Eine gänzlich andere Stimmung erzeugen wir, wenn wir alle Selbstlaute in einem Satz durch einen Vokal ersetzen und so dem Gesagten eine unterschiedliche Färbung geben. Wir spüren dann, daß sich das U besser für eine unheimliche Stimmung eignet, wenn wir ganz aus seiner Gebärde heraus sprechen: Us nuhut Gufuhr! (Es nahet Gefahr) Das I dagegen trägt zum Beispiel Zielgerichtetes in die Sprache hinein: Ich will din Wig sichin. (Ich will den Weg suchen) Erfüllen wir uns und unsere Sprache ganz mit einer Vokalstimmung, dann ergreift die Seele auch unser Mienenspiel, das bis in die Augen hinein zum Ausdruck einer lebendigen Lautempfindung wird. So kann der Mensch im spielerischen Tun dem künstlerischen Sprachbildungsprozeß nachlauschen und so immer wendiger und regsamer werden.

Eine willenshafte Verbindung mit unserem Sprechen erzeugen wir, wenn wir einen Text nehmen und diesen Schritt für Schritt, das heißt Silbe für Silbe mitschreiten. Betonte und unbetonte Silben erhalten in diesem Fall den gleichen Stellenwert, wir tauchen ein in eine fortlaufende Sprachbewegung, die einen Anfang und ein Ziel hat, und ziehen nicht länger einen Teil der Sprache zurück. Gut ist es, wenn der Fuß einen Augenblick vor dem Silbensprechen fest und sicher auf der Erde aufsetzt. Diese Übung können wir auch einmal mit den Händen versuchen, indem wir zu jeder Silbe, der Gliederung des Satzes entsprechend, von oben nach unten klatschen. So wird der Wille angeregt, sich mit der Sprache mitzubewegen, was eine wichtige Voraussetzung für jede Arbeit an der Sprache ist. Nach und nach können wir diese Übung rhythmischer gestalten, ohne daß die unbetonten Silben aus der fortschreitenden Bewegung herausfallen, sondern auch sie dem Ziel – dem letzten Wort des Satzes und den sich anschließenden Worten – entgegenlaufen.

Lernen wir, uns in der Länge *innerlich* zu weiten, um uns dann in der Kürze in uns selber zusammenzuziehen, so können wir die zwischen Welt und Ich vermittelnde rhythmische Lebendigkeit erfahren. Vielleicht gelingt es sogar, einen Text in verschiedene Rhythmen umzuwandeln, um zu erleben, wie unterschiedlich die Seele die inhaltliche Stimmung aufnimmt, je nachdem, ob sie von einer oder gar zwei Kürzen in die Sprache hineinspringt oder ob sie mit der Länge erst die Welt umfaßt, bevor sie in der Kürze zu sich selbst erwacht. Anregungen des Gefühls, Klärung und Beruhigung des Bewußtseins haben wir in den steigenden und fallenden Rhythmen.

Hier bietet sich das Bild der Pferde an, die je nach Rhythmus dicker oder dünner sind, schneller oder langsamer werden und traurig oder lebhaft wirken:

Mühsam trotten meine Pferde
— ∪ — ∪ — ∪ — ∪

auf der braunen Ackererde.
— ∪ — ∪ —∪—∪

Langsam im Gleichschritt geführt
— ∪ ∪ — ∪ ∪ —

traben die Rosse heran.
— ∪ ∪ —∪ ∪—

Die Pferde springen ohne Ruh
⌣ — ⌣ — ⌣ — ⌣ —

am Wald entlang dem Wasser zu.
⌣ — ⌣ — ⌣ — ⌣ —

Wie mein Pferd jetzt zum Leben erwacht,
⌣ ⌣ — ⌣ ⌣ — ⌣ ⌣ —

wie es springt durch die sternhelle Nacht!
⌣ ⌣ — ⌣ ⌣ — ⌣ ⌣ —

Undenkbar wäre es, den Ackergaul im steigenden Rhythmus springen zu lassen oder den Vollbluthengst mit zu vielen Längen im Lauf abzubremsen.

So haben wir im Erkennen und Hören, im Nachvollziehen der Wortgebärde, in der Erweckung der inneren Bildhaftigkeit, im Lauterleben, Silbenschritt und im Erfassen der rhythmischen Sprachprozesse sieben Stufen, an denen der Mensch selbständig üben kann, seine Alltagssprache mit Bewußtsein, Empfindung und Willenstätigkeit zu durchdringen.

Besonderes Bewußtsein für das eigene Sprechen sollten die Menschen entwickeln, die durch ihren Beruf zum sprachlichen Vorbild geworden sind. Machen wir uns klar, daß jeder Mensch, der unserem Sprechen zuhört, alle Stimmnuancen, alle Lautgestaltungen und vor allem die Atemgewohnheiten innerlich nachahmt, so können wir uns immer verantwortlicher fühlen für das, was wir tun, wenn wir sprechen. Besonders groß ist diese Verantwortung bei Eltern, Erziehern und Lehrern, die durch ihre Sprechgewohnheiten womöglich die Weichen stellen für ein gesundes oder gekränktes Erdenschicksal der Kinder, da deren noch empfindsamerer Organismus einen Abdruck des im Hören Erlebten womöglich ein Leben lang in sich bewahrt.

Es ist seltsam, sich klarzumachen, wieviel Energie die Menschen unserer Zivilisation auf die Pflege des Leibes verwenden und wie wenig Einsatzbereitschaft zu spüren ist, wenn es um die *seelische* Hygiene geht. Eine morgendliche «Atemreinigung», ein Beweglichmachen und Beseelen der Sprachwerkzeuge durch entsprechende Übungen könnten so zu einer Seelenpflege gehören, die sowohl dem einzelnen wie der Gemeinschaft zugute kommen würde.

Sprachpflege ist Pflege und womöglich Rettung unseres Menschseins. Entschließt sich der Mensch, sich nicht nur erkennend und fühlend der Sprache zu nähern, sondern an seinem Sprechen zu arbeiten und seine Lautbildung, Stimme und Atmung so umzuwandeln, daß sie Ausdruck seines wahren Menschseins werden kann, so bedarf dieses einer Anleitung. Eine Korrektur von außen ist notwendig, bis im inneren Sich-selber-Zuhören eine Sicherheit entstanden ist. Alle Schulung geht über das Ohr, und es ist von großer Wichtigkeit, daß wir ein künstlerisch geschultes Sprechen zum Vorbild nehmen und nachahmen können. Denn die Täuschungen bei der Wahrnehmung des eigenen Sprechens sind groß, da die eigenen Einseitigkeiten und Abirrungen einer klaren Beurteilung im Wege stehen. Ohne Hilfe ist eine Umwandlung der Atmung, in der wir ja selber als Seele leben, nicht möglich.

Die Motivation für ein Arbeiten an der Sprache kann unterschiedlich sein. Liegen Probleme in der Lautbildung, in der Stimme oder Atemführung vor und erkennt der Mensch, daß es hier nicht nur um sein Sprechen geht, sondern um ihn selber, indem er seine eigenen Seelennöte sprachlich offenbart, so wird er in einer sprachkünstlerischen Therapie womöglich Heilung finden können und wichtige Schritte der Selbsterkenntnis vollziehen. Freude am schöpferischen Sprachgeschehen und ein Erlebnis der anregenden, ordnenden und befreienden Sprachkräfte können ebenfalls ein Grund sein, sich im Rahmen einer Gruppenarbeit oder in Einzelstunden sprachkünstlerisch zu schulen. Aber auch ein Mensch, der von Natur aus eine gute Stimme und gute Sprechgewohnheiten mitbringt, kann sich entschließen, diese Begabung nicht länger instinktiv zu handhaben, sondern mit Bewußtsein zu durchhellen und weiterzuentwickeln und so zum Diener des Wortes zu werden.

9

Dichtung,
Eurythmie und Sprachgestaltung

Poetisieren heißt, alles Tatsächliche in einen
Zustand höherer Wirklichkeit zu versetzen.

Novalis

Der heutige Mensch erlebt das Poetische zumeist als etwas
Künstliches und Unnatürliches, das keinen Bezug zu seinem wirklichen Wesen hat. Er übersieht hierbei aber, daß
sein wirkliches Wesen nicht der an den Stoff gebundene
Alltagsmensch ist, sondern die menschliche Wirklichkeit
ein höherer, geistiger Zusammenhang ist. Im Wesen der
Seele liegt es, daß sie die Natur kultiviert, das Gegebene
umwandelt, statt es sich selbst zu überlassen. So wie der
Mensch Jahrtausende damit zugebracht hat, das Brachland
in fruchtbare Ackererde umzuwandeln, so entspricht es
auch seiner Bestimmung, sein Menschsein auf eine höhere Stufe zu heben. Wird dieses eingesehen, dann verliert
das Erhabene den *künstlichen,* unnatürlichen Beige-
schmack und wird erlebt in seiner *künstlerischen* Qualität.

Novalis nennt diesen Vorgang «romantisieren» und fordert: «Die Welt muß romantisiert werden. So findet man
den ursprünglichen Sinn wieder. Romantisieren ist nichts
als eine qualitative Potenzierung. Das niedere Selbst wird
mit einem besseren Selbst in dieser Operation identifi-
ziert. (…) Indem ich dem Gemeinen einen höheren Sinn,
dem Gewöhnlichen ein geheimnisvolles Ansehen, dem
Bekannten die Würde des Unbekannten, dem Endlichen

einen unendlichen Schein gebe, so romantisiere ich es.»[47]

Wenden wir den Begriff des Romantisierens auf die Sprache an, so kommen wir zur Poesie. Diese ist mehr als eine bloße Kunstrichtung, in deren Genuß wir durch die Dichter kommen können. Sie ist im Grunde genommen die allen Menschen gemäße Sprache, eben die eigentliche Muttersprache, so wie unser Alltagssprechen nur eine Dokumentation ist unserer diesseits-orientierten und zweckgebundenen Lebenshaltung. Die Poesie entspricht dem erhöhten Lebensgefühl eines zum Geistigen hin erweiterten Menschseins.

Vergegenwärtigen wir uns die grundlegenden Zusammenhänge zwischen dem Menschen und seiner Sprache, die wir bis in die leibliche Organisation als Voraussetzung zur Höherentwicklung nachvollzogen haben, dann können wir ahnen, daß der Mensch erst in einer poetischen Sprache seinem wahren Wesen Ausdruck zu verleihen vermag. Wir können also im Sinne Novalis' sagen: Unser Alltagssprechen muß poetischer werden, damit der Mensch sich im vollen Umfange seines Wesens zu entfalten vermag.

Zwischen der Alltagssprache und der Poesie steht das Ich. Nur durch dieses sind Umwandlung und Entwicklung möglich. In dem Augenblick, in dem das Menschen-Ich die Sprache bewußter zu ergreifen beginnt, begibt sich der Mensch in eine Sphäre, aus der heraus auch der Dichter die künstlerischen Sprachimpulse empfängt.

Deshalb, weil die poetische Stimmung dem wirklichen Menschenwesen entspricht, ist sie die Grundlage jeder sprachlichen Schulung, und die Dichtung wird so zum Vorbild und Wegweiser für die Umwandlung des Menschen, indem sie uns das Menschsein auf einer höheren Entwicklungsstufe vorlebt. Poesie ist also nicht nur ein flüchtiges Wesen, das unserem Leben ein schmückendes

Beiwerk schenkt. Sie kann zu einem festen *Fundament* werden, auf welchem der Mensch, sein Ich ergreifend, die ersten Schritte der sprachlich-menschlichen Erneuerung vollzieht. Poesie und Dichtung sind die erste sprachliche Stufe der «Kultivierung» des Menschen durch das Ich.

Auf diesem Fundament gründen sich die beiden aus der Anthroposophie hervorgegangenen Künste, die Eurythmie und die Sprachgestaltung. Das, was sich im Tempeltanz und in den Sprachmysterien der Antike ausgesprochen hatte, das innere und äußere Bewegtwerden durch das Wort, wurde durch die Geisteswissenschaft von Rudolf Steiner gemeinsam mit Marie Steiner erneuert und den Bewußtseinsaufgaben der Gegenwart angepaßt. Der Zusammenhang zwischen Eurythmie und Sprachgestaltung ist elementar, und beide bedingen einander. Sie sind aber nur dadurch möglich, daß der Mensch bereit ist, sich zum Wort zu erheben, das heißt poetischer zu werden. Findet er so wieder einen neuen Zugang zu den Dichtungen, so vermag er, von diesen getragen, durch die Eurythmie und die Sprachgestaltung weitere Umwandlungen zu erfahren. Es würde den Rahmen des Buches sprengen, das Wesen der Eurythmie an dieser Stelle zu entwickeln. Darum sollen hier nur einige Zusammenhänge zwischen der Eurythmie und der Sprachgestaltung angeführt werden.

Die Eurythmie geht vom gesprochenen Wort aus. Hört der Mensch der Sprache zu, so spielen sich in ihm makrokosmische Lautprozesse ab, welche einem innerlichen Eurythmisieren entsprechen. Dieses geschieht gänzlich unbewußt. Der Eurythmist aber läßt seinen Leib von diesen Sprachbewegungen ergreifen und gestaltet die Lautformen, die Rhythmen und die verschiedenen sprachlichen Stile und Elemente *sichtbar* durch die entsprechenden Bewegungen des Leibes. Eurythmisieren heißt, daß der ganze

Mensch sichtbare Sprache wird. Indem die sich im Verborgenen vollziehenden Sprachabläufe durch die Eurythmie anschaubar gemacht werden, wird der Mensch wieder geweckt für die geistigen Gebärden der Sprache. Diese werden vom Sprachgestalter bewußt ergriffen. Von einem inneren Voraushören angeregt, eurythmisiert der Sprachgestalter nun mit seinem Ätherleib das Wort, um es dann seiner Wesenheit nach *hörbar* zu machen.

Es wird noch eine Zeitlang dauern, bis der heutige Mensch auch über das Hören zu einer lebendigen Anschauung der Wortgeistigkeit zu kommen vermag. Hier wirkt die Eurythmie vermittelnd. Sie geht vom gesprochenen Dichterwort aus und macht die geistigen Hintergründe der Sprache sichtbar. Dieses wiederum wird helfen, das Sprechen zu erneuern.

Oft ist die Eurythmie eine wesentliche Voraussetzung dafür, daß die häufig verkümmerten Sprachempfindungen geweckt werden und die Urgebärden der Laute dem Menschen überhaupt wieder zugänglich gemacht werden können. Ob im anschaulichen Mitbewegen oder im eigenen Eurythmisieren, diese Kunst kann den Menschen wieder unmittelbar anschließen an die Prozesse eines kosmischen Sprachgeschehens. Haben wir dann am eigenen Leib erfahren, wie ein A uns öffnet, ein U uns durch eine Verengung führt, wie sich ein Stoßlaut zu einer Form gestaltet und welche Bewegungen einen Blaselaut entstehen lassen, dann werden wir auch fähig werden, der Sprache gemäßer zu sprechen und ihre Gesten und Gesetze innerlich immer bewußter mitzugestalten.

«In den ursprünglichen, primitiven Sprachen war die Sprache durchaus überall Gefühls- und Formanschauung: Gefühlsanschauung in den Vokalen, Formanschauung in den Konsonanten. Heute hat sich das losgelöst, und alles ist

Konvention geworden. Nun verwandeln wir das, was das b, das a, das d ist, wieder zurück in der Eurythmie in die entsprechende Gebärde. Indem der Eurythmiker die Gebärde ausführt, muß er wieder dazu kommen, die Sprache zu erleben. Und man kann hoffen, wenn die Eurythmie einmal in weiteren Kreisen beliebt wird, daß dann der Mensch wieder den Weg zurückfindet zur angeschauten und empfundenen Sprache … So wird die Eurythmie in der Zukunft nicht nur etwas sein, was sie ist, sondern sie wird wiederum der Wegweiser dazu sein, das seelisch-geistige Leben auf den Wellen und Wogen der Sprache zu tragen.»[48]

Ein wirklicher Sprachkünstler ist der, welcher alle Elemente der Eurythmie durch die Lautbildung, durch Stimme und Atemgestaltung *hörbar* werden läßt. Der Eurythmist braucht eine gut gestaltete Sprache für die Bewegungen seines Leibes. Der Sprachgestalter wiederum muß den Eurythmisten in sich wecken, damit er seine Worte wesenhaft gestalten kann. Sprachgestaltung ist ein Eurythmisieren der Laute im Atemgeschehen, die Silbe wird in der Luft abgeschritten und die Wortgebärde von der Menschenstimme gestaltet. So wie wir sagen konnten, daß in der Eurythmie der ganze Mensch Ausdruck der Sprache wird, so können wir sagen: In einem vom Menschen-Ich geistgemäß gestalteten Sprechen lebt der ganze Mensch auf einer neuen Stufe in der Sprache.

Für den Sprachgestalter gibt es spezielle Übungen, diesen Übergang von der Eurythmie in die Sprache bewußt nachzuvollziehen: Der Sprecher soll das Gefühl, das er in seinen Muskeln hat, wenn er einen Laut eurythmisiert, in sein Inneres führen, verstärken und aus diesem Erleben heraus den Laut intonieren.[49] Lebt der Mensch eine längere Zeit aus dem Wesen der Sprachgestaltung heraus, so kann er das innerliche Eurythmisieren vor jeder Lautbildung wahrnehmen. Dieses spielt sich während der Einatmung ab: Die Lautgestaltungskräfte plastizieren gewissermaßen nach innen, bevor sie in der Ausatmung vom Menschen gestaltet werden. Unter diesem Aspekt können wir sagen: Eurythmie und Sprachgestaltung sind die zwei Seiten eines Atemprozesses. Während die erste die makrokosmischen Lautkräfte wie einatmend empfängt, werden sie im bewußt gestalteten Menschenwort wieder zum Kosmos zurückgeatmet. Der Eurythmist atmet die *Sprachkräfte* ein und atmet sie in die *Sichtbarkeit* aus. Der Sprachgestalter atmet die *eurythmischen* Prozesse ein und macht diese in seiner gestalteten Ausatmung *hörbar*. Daraus wird verständlich, wie eng diese beiden Künste einander verbunden sind und wie wechselseitig ihre Beziehung ist. Ihr gemeinsames Anliegen ist es, die sich im Verborgenen abspielenden geistigen Hintergründe der Sprache und des Sprechens für die Menschen wieder erlebbar werden zu lassen.

Vergegenwärtigen wir uns den Menschen, in dessen Gestalt und Leibesfunktionen das Weltenwort hineinverstummt ist. Die ausgleichenden Blut-Atem-Prozesse seiner mittleren Organisation ermöglichen eine ständige Erneuerung und Vergeistigung, indem die Stofflichkeit in die Luft übergeführt wird. Auf diesem Untergrund bildet der Mensch seine Sprache – bindet er sie an den Stoff, dann entsteht das Alltagssprechen, befreit er sie in rhythmischen Atemprozessen, dann entsteht die Poesie. Je tiefer der Mensch die kreativen Sprachbildeprozesse in sich aufnimmt, sich ganz von ihnen ergreifen und umwandeln läßt, desto mehr vermag er die Sprache in die Sichtbarkeit zu führen, er wird zum Eurythmisten. Folgt der Mensch geistig-seelisch den leiblichen Prozessen seines Blut-Atem-Geschehens, führt er bewußt seine ganze Organisation über in die sprachschöpferischen Kräfte des Wortes, so wird er zum Sprachgestalter. Auch wenn die Gebärde eine unterschiedliche ist, so haben wir in Eurythmie und Sprachgestaltung zwei Möglichkeiten der Verwandlung des Menschen durch das Wort und in das Wort hinein. Beides geschieht auf dem Fundament der Dichtung, welche die Umwendung des Menschen zur Sprache einleitet.

Ob sich der Mensch erkenntnismäßig, empfindungsmäßig oder willentlich mit den Mysterien von Sprache und Sprechen verbinden möchte, ist ein Akt der Freiheit, der auch mit der individuellen Schicksalsführung zusammenhängt. Wie ein Samenkorn liegen die sprachschöpferischen Kräfte in jedem Menschenherzen. Dort ruhen sie, bis sie zum Leben erweckt werden und bei rechter Pflege keimen, Wurzeln und Blätter treiben und schließlich zu blühen beginnen und Frucht tragen, nach sprachlich-menschenkundlichen Gesetzen. Die Liebe zum Wortwesen kann das aus dem Weltenwort geschaffene Geschöpf Mensch befeuern, sich über sich selbst hinauszuheben und vertrauensvoll den künstlerischen und heilsamen Impulsen der Sprache in die Luft zu folgen. So wird den verdorrenden, lähmenden und herunterziehenden Kräften unserer Zeit ein neues Werden entgegengesetzt, das die Seele mit Hoffnung auf eine fruchtbare Menschheitszukunft erfüllen kann. Das Schöpferwort, aus welchem alle Künste hervorgegangen sind, ist für das äußere Ohr verstummt. Vom Inneren der Menschenseele aus vermag es aber zu sprechen und im Menschenwort wieder hinauszuströmen in die geistigen Welten, den Menschen mitnehmend und zu einer ihm und der Menschheit gemäßen Höherentwicklung anregend.

Anmerkungen

Wo nicht anders vermerkt, beziehen sich die Anmerkungen auf Bücher oder Vorträge von Rudolf Steiner. Diese erscheinen in der Gesamtausgabe (GA) im Rudolf Steiner Verlag, Dornach.

1 Vergl. Rainer Patzlaff: Sprachverfall und Aggression, Stuttgart 1994.

2 Die Mission der neuen Geistesoffenbarung, GA 127, Vortrag vom 25.2.1911: Die Arbeit des Ich am Kinde – Ein Beitrag zum Verständnis der Christus-Wesenheit.

3 Methodik und Wesen der Sprachgestaltung, GA 280, Fragenbeantwortung vom 4.10.1920: Über Sprachstörungen.

4 Ebenda: Beiträge für eine Erziehungsschule der Vortragskunst. Vorträge vom 12., 15. und 16.10.1921.

5 Geschichtliche Symptomatologie, GA 185, Vortrag vom 26.10.1918.

6 Methodik und Wesen der Sprachgestaltung, GA 280, S. 20.

7 Mensch und Welt – Das Wirken des Geistes in der Natur. GA 351, Vortrag vom 27.10.1923: Wirksamkeit der Stoffe im Weltenall und im Menschenleib: Eisen und Natrium.

8 Geistige Hierarchien und ihre Widerspiegelung in der physischen Welt. GA 110. Fragenbeantwortung vom 22.4.1909.

9 Sprachgestaltung und Dramatische Kunst, GA 282, Vortrag vom 6.9.1924: Die sechs Offenbarungen der Sprache.

10 Metamorphosen des Seelenwesens – Pfade der Seelenerlebnisse, zweiter Teil. GA 59, Vortrag vom 27.4.1910: Lachen und Weinen.

11 Sprachgestaltung und Dramatische Kunst, GA 282, Vortrag vom 5.9.1924: Die Sprachgestaltung als Kunst.

12 Ebenda, Vortrag vom 23.9.1924: Das Wort als Gestalter.

13 Ebenda, Vortag vom 22.9.1924: Die Lautgestaltung als Offenbarung der menschlichen Gestalt.

14 Siehe Anmerkung 5.

15 Vgl. Dr. Lothar Vogel: Der dreigliedrige Mensch: Die Pneumatisation der Lunge im Augenblick der Geburt, Dornach 1992.

16 Die Erkenntnis des Menschenwesens nach Leib, Seele und Geist. GA 347, Vortrag vom 2.8.1922: Über die Entstehung der Sprache und der Sprachen.

17 Johann Wolfgang von Goethe: Howards Ehrengedächtnis.

18 Siehe Anm. 15: Der pneumatische Mensch.

19 Vgl. Stockmeyer: Rudolf Steiners Lehrplan für die Waldorfschulen sowie Christa Slezak-Schindler: Künstlerisches Sprechen im Schulalter, Stuttgart 1978.

20 Johann Hamann (1730 – 1789): Schriften zur Sprache.

21 Die Impulsierung des Weltgeschichtlichen Geschehens durch geistige Mächte, GA 222, Vortrag vom 11.3.1923.

22 Der Mensch als Zusammenklang des schaffenden, bildenden und gestaltenden Weltenwortes. Die Geheimnisse der menschlichen Organisation. GA 230, Vortrag vom 9.11.1923.

23 Das Zusammenwirken von Ärzten und Seelsorgern. Pastoral-Medizinischer Kurs. GA 318, Vortrag vom 14.10.1924.

24 Siehe Anmerkung 22.

25 Das Miterleben des Jahreslaufes in vier kosmischen Imaginationen, GA 229, Vortrag vom 13.10.1923: Das Miteinanderwirken der vier Erzengel-Wesen während des Jahreslaufs.

26 Siehe Anmerkung 3.

27 Siehe Anmerkung 13 und Christa Slezak-Schindler: Der Schulungsweg der Sprachgestaltung und praktische Anregungen für die sprachkünstlerische Therapie, Dornach 1985.

28 Vgl. Christa Slezak-Schindler: Vom Leben mit dem Wort. Fünf Wirksamkeiten der Sprache und des Sprechens, Dornach 1992.

29 Sprachgestaltung und Dramatische Kunst, GA 282, Vortrag vom 21.9.1924: Das Durchfühlen des Lautlichen.

30 Die Kunst der Rezitation und Deklamation, GA 281, Vor-

trag vom 29.3.1923: Das Zusammenwirken von Atmung und Blutzirkulation.

31 Geisteswissenschaft und Medizin, GA 312, Vortrag vom 22.3.1920.

32 Siehe Anmerkung 10, Vortrag vom 20.1.1910: Die Geisteswissenschaft und die Sprache.

33 Vgl. Erika Beltle: Lyrik – Entzauberte Prosa. Zum Kunstimpuls Rudolf Steiners, Stuttgart 1993.

34 Methodik und Wesen der Sprachgestaltung, s. Anmerkung 3.

35 Sprachgestaltung und Dramatische Kunst, GA 282. Vortrag vom 7.9.1924.

36 Über Gesundheit und Krankheit. Grundlagen einer geisteswissenschaftlichen Sinneslehre, GA 348. Vortrag vom 23.12.1922: Vom Leben der Seele im Atmungsprozess.

37 Aus der Probenarbeit mit Marie-Steiner. Aufzeichnungen von Mitgliedern des Schauspiel-Ensembles am Goetheanum, Dornach 1978.

38 Ebenda.

39 Siehe Anmerkung 9.

40 Aus der Probenarbeit mit Marie Steiner, s. Anmerkung 35.

41 Geisteswissenschaftliche Gesichtspunkte zur Therapie, GA 313, Vortrag vom 16.4.1921.

42 Das Prinzip der spirituellen Ökonomie im Zusammenhang mit Wiederverkörperungsfragen, GA 109/111, Vortrag vom 10.4.1909: Das makrokosmische und das mikrokosmische Feuer – Die Vergeistigung des Atems und des Blutes.

43 Vergl. Die geistige Grundsteinlegung des zweiten Goetheanums, zweite Strophe, GA 40: Wahrspruchworte.

44 Sprachgestaltung und Dramatische Kunst, Vortrag vom 14.9.1924: Das Dekorative auf der Bühne. Stilisierung in Farbe und Licht.

45 Platon: Ion – Die Kunst, Dichtung zu sprechen.

46 Der Goetheanumgedanke inmitten der Kulturkrisis der Gegenwart, GA 36, Aufsatz vom 23.7.1922: Sprache und Sprachgeist.

47 Novalis: Logologische Fragmente Nr. 105: Poetizismen.

48 Der übersinnliche Mensch anthroposophisch erfaßt, GA
   231, Vortrag vom 17.11.1923.

49 Sprachgestaltung und Dramatische Kunst, GA 282, Vortrag
   vom 15.9.1924: Gebärde und Mimik aus der Sprachgestaltung heraus.

Die angeführten Sprachübungen von Rudolf Steiner sind dem
Dramatischen Kurs (GA 282) und Methodik und Wesen der
Sprachgestaltung (GA 280) entnommen.

ARMIN J. HUSEMANN

Der musikalische Bau des Menschen

Entwurf einer plastisch-musikalischen Menschen-kunde
294 Seiten mit zahlreichen Abbildungen, gebunden

«Der musikalische Bau des Menschen» ist bislang die einzige Darstellung anthroposophischer Menschenkunde, die konsequent von der plastischen Anatomie zu einer musikalischen Physiologie innerer Organprozesse fortschreitet. In diesem Reformansatz des medizinischen Studiums und der Lehrerausbildung, der auf Rudolf Steiners Angaben im Jahre 1924 zurückgeht, wird Kunst zum Beobachtungs- und Schulungsfeld für sinnlich-übersinnliches Wahrnehmen, das im goetheanistischen Denken zu den Imaginationen der Lebensprozesse hinführt.
Das Buch wendet sich an alle Studierenden und Berufstätigen, die in ihrer Arbeit auf lebendige Menschenkunde angewiesen sind: Ärzte, Lehrer, (Heil-)Eurythmisten und andere. Die medizinischen Inhalte sind allgemeinverständlich formuliert.

Fordern Sie mit beiliegender Bestellkarte unser Gesamtverzeichnis an:
Postfach 13 11 22, 70069 Stuttgart

Verlag Freies Geistesleben

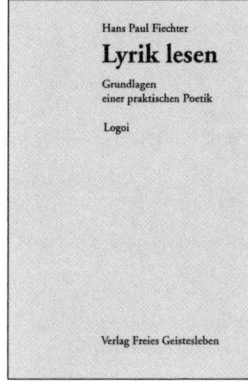

HANS PAUL FIECHTER

Lyrik lesen

Grundlagen
einer praktischen Poetik
327 Seiten,
Klappenbroschur

Der Sinn eines Kunstwerks liegt nicht in dem «Was» und
auch nicht nur in dem «Wie», sondern in seiner konkreten
Gestalt selbst.

Den Sinn der lyrischen Formen zu erschließen, ihren Gestus, die in ihnen wirksamen Fromkräfte bewußt zu machen, unternimmt Hans Paul Fiechter in diesem Grundla-
genwerk. Anhand vieler Beispiele aus älterer und moder-
ner Dichtung werden vier wesentliche Themen der Poetik
behandelt: Rhythmus und Metrum sind ein Erbe ältester
Zeiten, der Reim eine Frucht der mittelalterlichen Entwicklung. Daraus bilden sich Strophen- und Gedichtfor-
men. Schließlich ist das poetische Bild dasjenige Gebiet,
aus dem im 20. Jahrhundert Neuland gewonnen wurde.

Das Buch wendet sich an alle, die sich für Lyrik interessie-
ren, für ihre Gesetzmäßigkeiten und für die europäische
Bewußtseinsentwicklung, die in anschaulicher Weise darin zum Ausdruck kommt. Vor allem aber ist es ein Fach-
buch für diejenigen, die künstlerisch oder pädagogisch mit
Dichtung umgehen.

Verlag Freies Geistesleben